EV YAPIMI DONDURMA YEMEK KİTABI

EVDE YAPABILECEĞINIZ 100 EĞLENCELI VE KOLAY TARIF

Hatice Aksoy

Sorumluluk reddi beyanı

Bu Kitapta yer alan bilgiler, bu Kitabın yazarının araştırma yaptığı stratejilerin kapsamlı bir koleksiyonu olarak hizmet etmek içindir. Özetler, stratejiler, ipuçları ve püf noktaları yalnızca yazarın tavsiyesidir ve bu Kitabı okumak, elde edilen sonuçların yazarın sonuçlarını tam olarak yansıtacağını garanti etmez. E-Kitabın yazarı, e-Kitap okuyucularına güncel ve doğru bilgi sağlamak için tüm makul çabayı göstermiştir. Bulunabilecek kasıtsız hata veya eksikliklerden yazar ve ortakları sorumlu tutulamaz. Kitaptaki materyal üçüncü şahısların bilgilerini içerebilir. Üçüncü taraf materyalleri, sahiplerinin ifade ettiği görüşlerden oluşur. Bu nedenle, Kitabın yazarı herhangi bir üçüncü taraf materyali veya görüşüne ilişkin sorumluluk veya yükümlülük kabul etmez. İster internetin ilerlemesi, ister şirket politikasındaki ve editoryal gönderim kurallarındaki öngörülemeyen değişiklikler nedeniyle, bu yazının yazıldığı sırada gerçek olarak belirtilenler daha sonra geçerliliğini yitirebilir veya uygulanamaz hale gelebilir.

İÇİNDEKİLER

İÇİNDEKİLER 3

GİRİİŞ 7

DONDURMA _ 9

1. TATLI KREMALI DONDURMA 10
2. ABSİNTHE VE BEZE DONDURMA 14
3. KARA ORMAN PASTASI DONDURMA 18
4. PEYNİRLİ VE GUAVA REÇELİ DONDURMA 22
5. ŞEFTALİ REÇELLİ KREMALI BİSKÜVİ 26
6. KİMYON VE BALLI KARAMELA 30
7. ARDIÇLI VE LİMONLU LOR DONDURMA 34
8. ÇİKOLATALI VE VİSKİLİ DONDURMA 38
9. HİNDİSTAN CEVİZLİ-CAJETA DONDURMA 43
10. KÖK BİRALI DONDURMA 47
11. MANOLYA MOCHİ DONDURMA 51
12. GRAHAM KRAKER DONDURMA 55
13. PEYNİRLİ GRAHAM KRAKER DONDURMA 59
14. BALLI AYRAN DONDURMA 63
15. BALKABAKLI DONDURMA 67
16. SİNEK KUŞU KEK DONDURMA 71
17. MANGO MANCHEGO DONDURMA 76
18. AY IŞIĞI VE MISIR ŞURUBU MUHALLEBİ 80
19. BEYAZ SARAY VİŞNELİ DONDURMA 84
20. YAZOO SUE DONDURMA 88
21. AYRAN YUMUŞAK SERVİS 92

MUHALLEBİ 96

22. Tuzlu Vanilyalı Dondurulmuş Muhallebi 97
23. Fransız Tostu Dondurulmuş Muhallebi 101
24. Eggnog Dondurulmuş Muhallebi 106
25. Portakal Çiçeği Bisque Muhallebi 110
26. Karamelli Krema sans Lait 115

DONDURULMUŞ YOĞURT 120

27. Taze Zencefil Dondurulmuş Yoğurt 121
28. Taze Şeftali Dondurulmuş Yoğurt 126
29. İzlanda Kek Dondurulmuş Yoğurt 131

ŞORBE 135

30. Bellini Şerbeti 136
31. Greyfurt Şerbeti 139
32. Erik Sake Şerbeti 142
33. Kırmızı Ahududu Şerbeti 145
34. Sert Çekirdekli Meyve Şerbeti 148
35. Buğday çimi & Vinho Verde Şerbeti 151

FIRINDA DONDURMA TATLILARI 154

36. Çikolatalı kek 155
37. Bayan Pastası 159
38. Beze Kek 163
39. Moçi Kek 168
40. Zemin İrmikli Puding Kek 172
41. Yaprak Pasta 176
42. Fransız Dondurmalı Tartlar 181
43. Şeker Hamuru 184
44. Pastalar 187
45. Elmalı Ravent Bette 190
46. Yaban Mersinli Tart 193
47. Armut ve Böğürtlen Çıtır 196
48. Bauer Evi Bisküvileri 200
49. Tatlı Kremalı Kurabiye 205

50. Çikolatali Trüf Kurabiyeleri 208
51. Yulaf Ezmeli Kremali Sandviçler 213
52. Kremali Puflar ve Eklerler Halkali Kek 217
53. Kataifi Yuvalari 221
54. Dökme Demir Gözleme 224
55. Peoria Misir Böreği 227
56. Kuzey Pazari Waffle'lari 230
57. Tatli Empanadalar 233
58. Dondurmali Ekmek Pudingi 238
59. muzla beslenen 240
60. Haşlanmiş Meyve 243
61. J-Barlar 246

KOKTEYLLER _ 250

62. Taştaki Kiliç 251
63. Dizlerinizi Kizartin 253
64. Gölün Hanimi 255

TOPLAMLAR 257

65. Şeker konileri 258
66. Ananas-habanero marmelati 261
67. Kiraz-ebegümeci kompostosu 264
68. Tutku meyveli karamel sosu 266
69. Keçi sütlü karamel 269
70. Şekerlenmiş kabak çekirdeği 272
71. Vanilya ve tekila kremasi 275
72. Piloncillo karamelize cevizler 278
73. Baharatli mango 281
74. Bademli Crumble Topping 285

PAZARLAR 288

75. Knickerbocker zafer 289
76. Şeftali melbasi 292
77. Kapuçino frappesi 295

78. Buzlu lassi 298
79. Dondurma şamandırası 300
80. Karpuz ve çilekli rüşvet 302
81. Buzlu kayısı ve nar smoothie 305
82. Çikolatalı fındıklı dondurma 307
83. Çikolataya batırılmış dondurmalar 309

ÇOCUKLAR İÇİN BUZLU İKRAMLAR 312

84. Dondurulmuş çikolatalı muz 313
85. Dondurma kurabiyeli sandviç 316
86. Buzlu meyve kepçeleri 319
87. Yapışkan şekerleme ikramları 322
88. Meyveli buz küpleri 325
89. Buzlu meyve çıkar 327
90. Dondurmalı Kapkekler 330
91. Çıtır yoğurt şekilleri 333

TAZE VE MEYVELİ İKLİMLER 336

92. Buzlu böğürtlen ve armut romanoff 337
93. Şeftali ve çarkıfelek meyveli girdaplı dondurma 340
94. Buzlu kayısılı sufle 343
95. Elmalı ve erikli parfe 347
96. Muzlu kremalı dondurma 350
97. Tropikal meyve şerbeti 353
98. Buzlu ravent lokumu 356
99. Taze zencefilli dondurma 359
100. Taze Şeftali Dondurma 362

ÇÖZÜM 365

GİRİİŞ

Dondurma tatlılarının yedeklenecek kişiliği vardır. Dondurulmuş bir kepçeden yavaş yavaş damlayan şekerli krema, dokunduğu anda bir pastaya veya sosa dönüşüyor. Tereyağı bakımından zengin krema, kokuyu ve tadı emerek burnunuza taşır. Dondurmanın dokunduğu her şey daha zengin, daha lezzetli, daha derinden algılanır hale gelir. Üstelik dondurma sizi anda olmaya teşvik eder. Her saniye eriyor ve değişiyor; ona dikkat etmelisin, yoksa yok olur.

Bu sayfalarda tekrar tekrar kullanabileceğiniz ve mevsime, menüye veya isteğinize göre ayarlayabileceğiniz birkaç sağlam tarif bulacaksınız. Her tatlı, lezzet ve doku bakımından olağanüstüdür ve her tarif, ev mutfağı için özel olarak tasarlanmıştır. Her ne kadar bu kitaptaki her tarifin hızlı ve kolay olduğunu iddia etmesem de (çoğu öyle olsa da), yapabildiğimiz kadar basit olduklarını ve sonuçların gerçekten çabaya değer olduğunu söyleyeceğim . Nasıl tabakladığınıza veya hangi dondurmayı servis ettiğinize bağlı olarak onları yukarı veya aşağı giydirebilirsiniz.

DONDURMA _

1. Tatlı Kremalı Dondurma

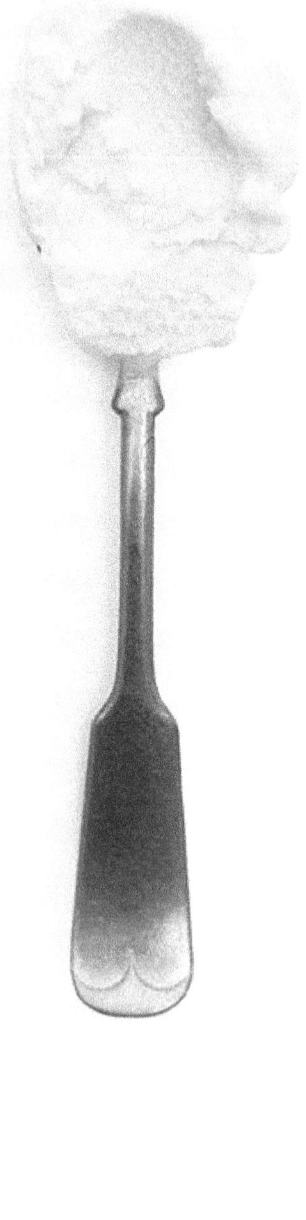

Yaklaşık 1 litre yapar

İçindekiler:

- 2⅔bardak tam yağlı süt
- 1 yemek kaşığı artı 2 çay kaşığı mısır nişastası
- 2 ons (4 yemek kaşığı) krem peynir, yumuşatılmış
- $\frac{1}{8}$ çay kaşığı ince deniz tuzu
- $1\frac{1}{2}$ bardak ağır krema
- $\frac{3}{4}$ bardak şeker
- $\frac{1}{4}$ bardak hafif mısır şurubu

Talimatlar:

a) Pürüzsüz bir bulamaç elde etmek için yaklaşık 2 yemek kaşığı sütü küçük bir kasede mısır nişastasıyla karıştırın .

b) Krem peyniri ve tuzu orta boy bir kapta pürüzsüz hale gelinceye kadar çırpın.

c) Büyük bir kaseyi buz ve suyla doldurun.

ç) Kalan sütü, kremayı, şekeri ve mısır şurubunu 4 litrelik bir tencerede birleştirin , orta-yüksek ateşte kaynatın ve 4 dakika kaynatın. Ateşten alın ve mısır nişastası bulamacını yavaş yavaş çırpın. Karışımı orta-yüksek ateşte tekrar kaynatın ve ısıya dayanıklı bir spatula ile karıştırarak, hafifçe koyulaşana kadar yaklaşık 1 dakika pişirin. Isıdan çıkarın.

d) Soğutun Sıcak süt karışımını yavaş yavaş krem peynirin içine pürüzsüz hale gelinceye kadar çırpın. Karışımı 1 galonluk Ziplock dondurucu poşetine dökün ve kapalı poşeti buz banyosuna batırın. Gerektikçe daha fazla buz ekleyerek soğuyuncaya kadar yaklaşık 30 dakika bekletin.

e) Dondur Donmuş kutuyu dondurucudan çıkarın, dondurma makinenizi monte edin ve çalıştırın. Dondurma tabanını kutuya dökün ve kalın ve kremsi olana kadar döndürün.

f) Dondurmayı saklama kabına koyun. Bir parşömen tabakasını doğrudan yüzeye bastırın ve hava geçirmez bir kapakla kapatın. Dondurucunuzun en soğuk kısmında en az 4 saat sertleşinceye kadar dondurun .

g) Çeşitlilik Eklemek İçin: Dondurmanın içine reçel veya sos katmak için, saklama kabının dibine bir kaşık dolusu damlatıp üzerine bir kat dondurma yayarak başlayın. Dondurmanın köşelerine birkaç kaşık dolusu daha ekleyin ve ardından başka bir dondurma katmanı ekleyin.

ğ) Dondurmanın tamamı kullanılıncaya kadar sos ve dondurma katmanlarına devam edin. Sos tüm tabakayı kaplamamalıdır.

2. Absinthe ve Beze Dondurma

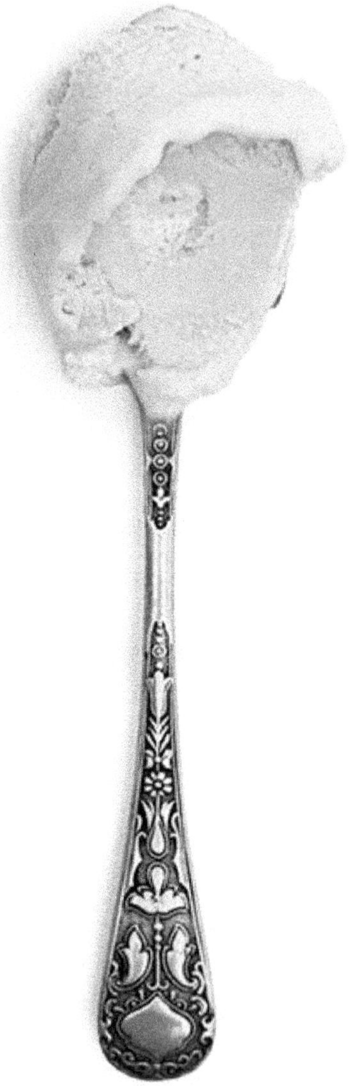

Yaklaşık 1 litre yapar

İçindekiler:

- 2⅔bardak tam yağlı süt
- 1 yemek kaşığı artı 2 çay kaşığı mısır nişastası
- 2 ons (4 yemek kaşığı) krem peynir, yumuşatılmış
- $\frac{1}{2}$ çay kaşığı matcha tozu
- $\frac{1}{8}$ çay kaşığı ince deniz tuzu
- $1\frac{1}{2}$ bardak ağır krema
- $\frac{3}{4}$ bardak şeker
- $\frac{1}{4}$ bardak hafif mısır şurubu
- $1\frac{1}{4}$ bardak absinthe, Pernod veya pastis
- $\frac{1}{2}$ çay kaşığı anason özü
- Beze Pastasından (yaklaşık 1 Beze) veya mağazadan satın alınan 1 bardak ufalanmış (yaklaşık $\frac{1}{4}$ inç kırıntı) beze

Talimatlar:

a) Pürüzsüz bir bulamaç elde etmek için yaklaşık 2 yemek kaşığı sütü küçük bir kasede mısır nişastasıyla karıştırın .

b) Krem peyniri, matchayı ve tuzu orta boy bir kapta pürüzsüz hale gelinceye kadar çırpın.

c) Büyük bir kaseyi buz ve suyla doldurun.

ç) Kalan sütü, kremayı, şekeri ve mısır şurubunu 4 litrelik bir tencerede birleştirin, orta-yüksek ateşte kaynatın ve 4 dakika kaynatın. Ateşten alın ve mısır nişastası bulamacını yavaş yavaş çırpın. Karışımı orta-yüksek ateşte tekrar kaynatın ve ısıya dayanıklı bir spatula ile karıştırarak, hafifçe koyulaşana kadar yaklaşık 1 dakika pişirin. Isıdan çıkarın.

d) Soğutun Sıcak süt karışımını yavaş yavaş krem peynirin içine pürüzsüz hale gelinceye kadar çırpın. Karışımı 1 galonluk Ziplock dondurucu poşetine dökün ve kapalı poşeti buz banyosuna batırın. Gerektikçe daha fazla buz ekleyerek

soğuyuncaya kadar yaklaşık 30 dakika bekletin.

e) Dondur Donmuş kutuyu dondurucudan çıkarın, dondurma makinenizi monte edin ve çalıştırın. Dondurma tabanını kutuya dökün ve kalın ve kremsi olana kadar döndürün.

f) Dondurmayı saklama kabına koyun. Absinthe ve anason ekstraktını karıştırın ve giderken beze parçalarını da ekleyerek karıştırın. Bir parşömen tabakasını doğrudan yüzeye bastırın ve hava geçirmez bir kapakla kapatın. Dondurucunuzun en soğuk bölümünde dondurun.

3. Kara Orman Pastası Dondurma

Yaklaşık 1 litre yapar

İçindekiler:

- ⅔fincan ½ inçlik kırıntılar
- ¼ bardak Runny Çikolata Sosu , soğutulmuş
- ½ bardak Amarena kirazı
- 1¼ bardak ağır krema
- 2 yemek kaşığı mısır nişastası
- 3 ons (6 yemek kaşığı) krem peynir, yumuşatılmış
- ¼ çay kaşığı ince deniz tuzu
- ⅔su bardağı şeker
- 2 yemek kaşığı hafif mısır şurubu
- 2 bardak ayran, tam yağlı süt veya %2 süt

Talimatlar:

a) Kek parçalarını küçük bir kaseye koyun, çikolata sosunu ekleyin ve hafifçe karıştırın, ardından Amarena kirazlarını ekleyin ve eşit şekilde dağılması için karıştırın. Dondurmayı yaparken dondurun . (Kek karışımı 1 aya kadar dondurulabilir.)

b) Pürüzsüz bir bulamaç elde etmek için yaklaşık $\frac{1}{4}$ bardak kremayı mısır nişastasıyla küçük bir kasede karıştırın .

c) Krem peyniri ve tuzu orta boy bir kapta pürüzsüz hale gelinceye kadar çırpın.

ç) Büyük bir kaseyi buz ve suyla doldurun.

d) Kalan kremayı, şekeri ve mısır şurubunu 4 litrelik bir tencerede birleştirin, orta-yüksek ateşte kaynatın ve 4 dakika kaynatın. Ateşten alın ve mısır nişastası bulamacını yavaş yavaş çırpın. Karışımı orta-yüksek ateşte tekrar kaynatın ve ısıya dayanıklı bir spatula ile karıştırarak, hafifçe koyulaşana kadar yaklaşık 20 saniye pişirin. Isıdan çıkarın.

e) Soğutun Sıcak süt karışımını yavaş yavaş krem peynirin içine pürüzsüz hale gelinceye kadar çırpın, ardından ayranı ekleyerek karıştırın. Karışımı 1 galonluk

Kilitli torbaya dökün ve kapalı torbayı buz banyosuna batırın . Gerektikçe daha fazla buz ekleyerek soğuyuncaya kadar yaklaşık 30 dakika bekletin.

f) Dondur Donmuş kutuyu dondurucudan çıkarın, dondurma makinenizi monte edin ve çalıştırın. Dondurma tabanını kutuya dökün ve kalın ve kremsi olana kadar döndürün.

g) Dondurmayı, dondurmayı ve küçük kaşık dolusu kek karışımını dönüşümlü olarak bir saklama kabına koyun. Bir parşömen tabakasını doğrudan yüzeye bastırın ve hava geçirmez bir kapakla kapatın. Dondurucunuzun en soğuk kısmında en az 4 saat sertleşinceye kadar dondurun.

4. Peynirli ve Guava Reçeli Dondurma

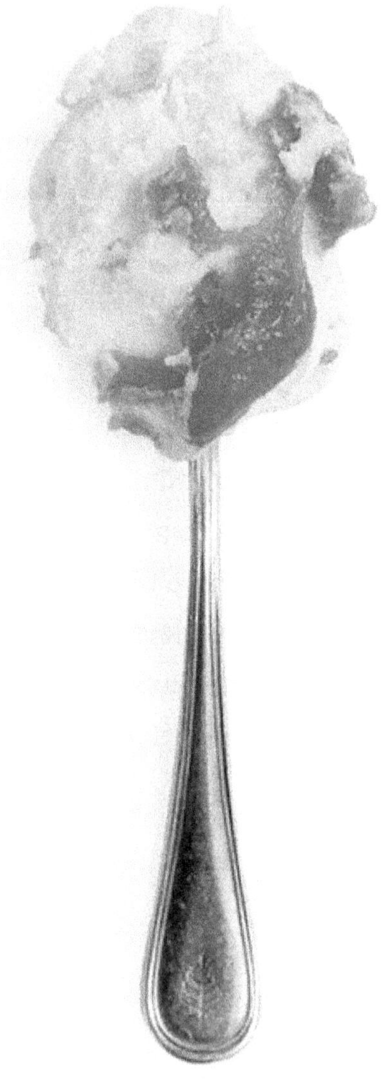

Yaklaşık 1 litre yapar

İçindekiler:

- 2⅔bardak tam yağlı süt
- 1 yemek kaşığı artı 2 çay kaşığı mısır nişastası
- 6 ons ($\frac{3}{4}$ bardak) krem peynir, yumuşatılmış
- $\frac{1}{8}$ çay kaşığı ince deniz tuzu
- 1$\frac{1}{2}$ bardak ağır krema
- $\frac{3}{4}$ bardak şeker
- $\frac{1}{4}$ bardak hafif mısır şurubu
- $\frac{1}{2}$ bardak Guava Reçeli

Talimatlar:

a) Pürüzsüz bir bulamaç elde etmek için yaklaşık 2 yemek kaşığı sütü küçük bir kasede mısır nişastasıyla karıştırın .

b) Peyniri ve tuzu orta boy bir kapta pürüzsüz hale gelinceye kadar çırpın.

c) Büyük bir kaseyi buz ve suyla doldurun.

ç) Kalan sütü, kremayı, şekeri ve mısır şurubunu 4 litrelik bir tencerede birleştirin , orta-yüksek ateşte kaynatın ve 4 dakika kaynatın. Ateşten alın ve mısır nişastası bulamacını yavaş yavaş çırpın. Karışımı orta-yüksek ateşte tekrar kaynatın ve ısıya dayanıklı bir spatula ile karıştırarak, hafifçe koyulaşana kadar yaklaşık 1 dakika pişirin. Isıdan çıkarın.

d) Soğutun Sıcak süt karışımını yavaş yavaş peynirin içine pürüzsüz hale gelinceye kadar çırpın. Karışımı 1 galonluk Ziplock dondurucu poşetine dökün ve kapalı poşeti buz banyosuna batırın. Gerektikçe daha fazla buz ekleyerek soğuyuncaya kadar yaklaşık 30 dakika bekletin.

e) Dondur Donmuş kutuyu dondurucudan çıkarın, dondurma makinenizi monte edin ve çalıştırın. Dondurma tabanını dondurulmuş kutuya dökün ve kalın ve kremsi hale gelinceye kadar döndürün.

f) Dondurmayı bir saklama kabına koyun, ilerledikçe reçeli de katlayın. Bir parşömen tabakasını doğrudan yüzeye bastırın ve hava geçirmez bir kapakla kapatın. Dondurucunuzun en soğuk kısmında en az 4 saat sertleşinceye kadar dondurun.

5. Şeftali Reçelli Kremalı Bisküvi

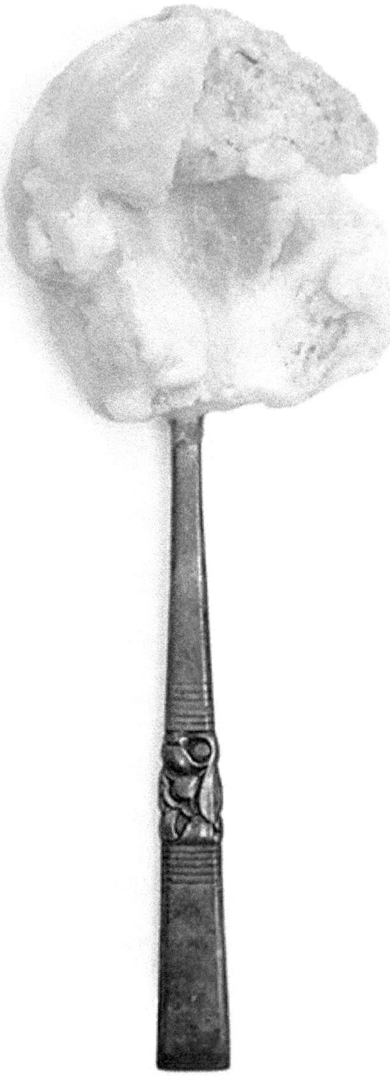

Yaklaşık 1 litre yapar

İçindekiler:

- $1\frac{1}{4}$ bardak ağır krema
- 2 yemek kaşığı mısır nişastası
- 3 ons (6 yemek kaşığı) krem peynir, yumuşatılmış
- $\frac{1}{4}$ çay kaşığı ince deniz tuzu
- ⅔su bardağı şeker
- 2 yemek kaşığı hafif mısır şurubu
- 2 bardak ayran, tam yağlı süt veya %2 süt
- $\frac{1}{2}$ bardak ufalanmış Sweet Cream Shortcakes , dondurulmuş veya mağazadan satın alınan bisküviler
- $\frac{1}{4}$ bardak Şeftali Reçeli , soğutulmuş

Talimatlar:

a) Pürüzsüz bir bulamaç elde etmek için yaklaşık $\frac{1}{4}$ bardak kremayı mısır nişastasıyla küçük bir kasede karıştırın .

b) Krem peyniri ve tuzu orta boy bir kapta pürüzsüz hale gelinceye kadar çırpın.

c) Büyük bir kaseyi buz ve suyla doldurun.

ç) Kalan kremayı, şekeri ve mısır şurubunu 4 litrelik bir tencerede birleştirin, orta-yüksek ateşte kaynatın ve 4 dakika kaynatın. Ateşten alın ve mısır nişastası bulamacını yavaş yavaş çırpın. Karışımı orta-yüksek ateşte tekrar kaynatın ve ısıya dayanıklı bir spatula ile karıştırarak, hafifçe koyulaşana kadar yaklaşık 20 saniye pişirin. Isıdan çıkarın.

d) Soğutun Sıcak süt karışımını yavaş yavaş krem peynirin içine pürüzsüz hale gelinceye kadar çırpın. Ayranı karıştırın.

e) Karışımı 1 galonluk Kilitli torbaya dökün ve kapalı torbayı buz banyosuna batırın. Gerektikçe daha fazla buz ekleyerek soğuyuncaya kadar yaklaşık 30 dakika bekletin.

f) Dondur Donmuş kutuyu dondurucudan çıkarın, dondurma makinenizi monte edin ve çalıştırın. Dondurma tabanını dondurulmuş kutuya dökün ve kalın ve kremsi hale gelinceye kadar döndürün.

g) Dondurmayı bir saklama kabına koyun, ufalanmış bisküvileri ve reçeli ekleyerek karıştırın.

ğ) Bir parşömen tabakasını doğrudan yüzeye bastırın ve hava geçirmez bir kapakla kapatın. Dondurucunuzun en soğuk kısmında en az 4 saat sertleşinceye kadar dondurun.

6. Kimyon ve Ballı Karamela

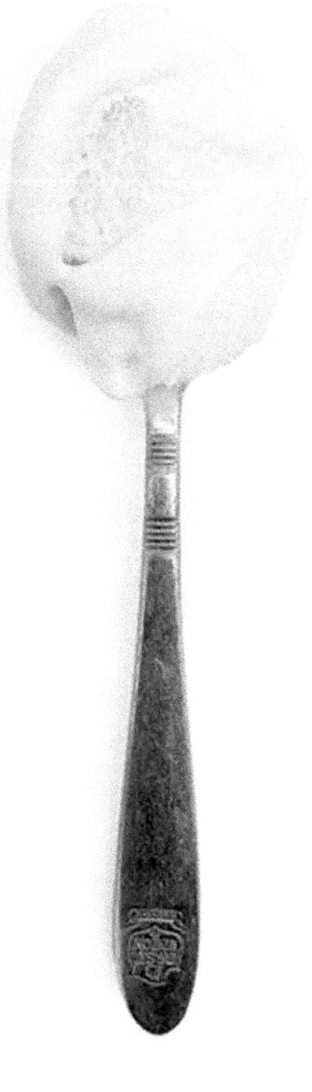

Yaklaşık 1 litre yapar

İçindekiler:

- 2⅔bardak tam yağlı süt
- 1 yemek kaşığı artı 2 çay kaşığı mısır nişastası
- 2 ons (4 yemek kaşığı) krem peynir, yumuşatılmış
- $\frac{1}{4}$ çay kaşığı ince deniz tuzu
- 1 çay kaşığı zerdeçal (renk için; isteğe bağlı)
- $\frac{1}{4}$ çay kaşığı öğütülmüş kimyon
- $\frac{1}{2}$ bardak bal
- 1$\frac{1}{2}$ bardak ağır krema
- $\frac{1}{2}$ bardak) şeker
- 4 damla doğal tereyağı aroması

Talimatlar:

a) Pürüzsüz bir bulamaç elde etmek için yaklaşık 2 yemek kaşığı sütü küçük bir kasede mısır nişastasıyla karıştırın .

b) Krem peyniri, tuzu, kullanılıyorsa zerdeçalı ve kimyonu orta boy bir kapta pürüzsüz hale gelinceye kadar çırpın.

c) Büyük bir kaseyi buz ve suyla doldurun.

ç) Balı 4 litrelik bir tencerede orta-yüksek ateşte kaynamaya başlayana ve duman çıkmaya başlayana kadar ısıtın. Tavayı ocaktan alın ve yaklaşık $\frac{1}{4}$ bardak kremayı karıştırın. Yavaş yavaş kremanın geri kalanını ekleyin, karışana kadar karıştırın.

d) Kalan sütü ve şekeri tavaya ekleyin, orta ateşte kaynatın ve 4 dakika kaynatın. Ateşten alın ve mısır nişastası bulamacını yavaş yavaş çırpın.

e) Karışımı orta-yüksek ateşte tekrar kaynatın ve ısıya dayanıklı bir spatula ile karıştırarak, hafifçe koyulaşana kadar yaklaşık 1 dakika pişirin. Isıdan çıkarın.

f) Soğutun Sıcak süt karışımını yavaş yavaş krem peynirin içine pürüzsüz hale gelinceye kadar çırpın. Karışımı 1 galonluk Ziplock dondurucu poşetine dökün ve kapalı poşeti buz banyosuna batırın.

Gerektikçe daha fazla buz ekleyerek soğuyuncaya kadar yaklaşık 30 dakika bekletin. Tereyağı aromasını karıştırın.

g) Dondur Donmuş kutuyu dondurucudan çıkarın, dondurma makinenizi monte edin ve çalıştırın. Dondurma tabanını kutuya dökün ve kalın ve kremsi olana kadar döndürün.

ğ) Dondurmayı saklama kabına koyun. Bir parşömen tabakasını doğrudan yüzeye bastırın ve hava geçirmez bir kapakla kapatın. Dondurucunuzun en soğuk kısmında en az 4 saat sertleşinceye kadar dondurun.

7. Ardıçlı ve Limonlu Lor Dondurma

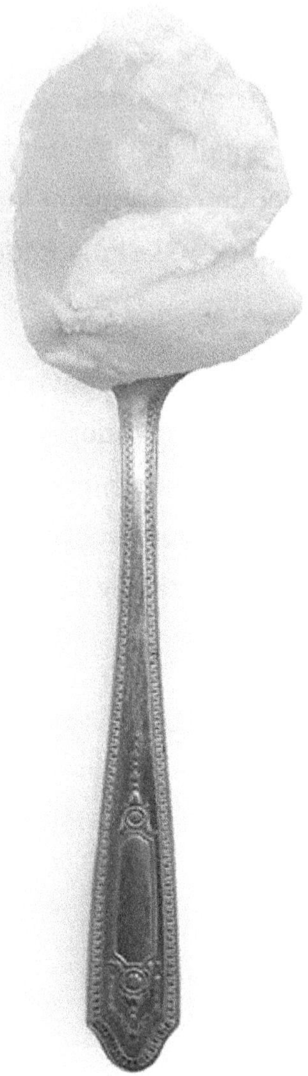

Yaklaşık 1 litre yapar

İçindekiler:

- $2\frac{2}{3}$bardak tam yağlı süt
- 1 yemek kaşığı artı 2 çay kaşığı mısır nişastası
- 2 ons (4 yemek kaşığı) krem peynir, yumuşatılmış
- $\frac{1}{8}$ çay kaşığı ince deniz tuzu
- $1\frac{1}{2}$ bardak ağır krema
- $\frac{3}{4}$ bardak şeker
- $\frac{1}{4}$ bardak hafif mısır şurubu
- 1 ila 2 damla ardıç esansiyel yağı
- $\frac{2}{3}$bardak Limonlu Lor

Talimatlar:

a) Pürüzsüz bir bulamaç elde etmek için yaklaşık 2 yemek kaşığı sütü küçük bir kasede mısır nişastasıyla karıştırın .

b) Krem peyniri ve tuzu orta boy bir kapta pürüzsüz hale gelinceye kadar çırpın.

c) Büyük bir kaseyi buz ve suyla doldurun.

ç) Kalan sütü, kremayı, şekeri ve mısır şurubunu 4 litrelik bir tencerede birleştirin, orta-yüksek ateşte kaynatın ve 4 dakika kaynatın. Ateşten alın ve mısır nişastası bulamacını yavaş yavaş çırpın. Karışımı orta-yüksek ateşte tekrar kaynatın ve ısıya dayanıklı bir spatula ile karıştırarak, hafifçe koyulaşana kadar yaklaşık 1 dakika pişirin. Isıdan çıkarın.

d) Soğutun Sıcak süt karışımını yavaş yavaş krem peynirin içine pürüzsüz hale gelinceye kadar çırpın. Karışımı 1 galonluk Ziplock dondurucu poşetine dökün ve kapalı poşeti buz banyosuna batırın. Gerektikçe daha fazla buz ekleyerek soğuyuncaya kadar yaklaşık 30 dakika bekletin.

e) Dondur Donmuş kutuyu dondurucudan çıkarın, dondurma makinenizi monte edin ve çalıştırın. Dondurma tabanını kutuya dökün ve ardıç yağını ekleyin. Kalın ve kremsi olana kadar döndürün.

f) Dondurmayı bir saklama kabına koyun ve giderken limonlu loru da katlayın . Bir parşömen tabakasını doğrudan yüzeye bastırın ve hava geçirmez bir kapakla kapatın. Dondurucunuzun en soğuk kısmında en az 4 saat sertleşinceye kadar dondurun.

8. Çikolatalı ve Viskili Dondurma

Yaklaşık 1 litre yapar

İçindekiler:

Çikolata Ezmesi

- $\frac{1}{2}$ fincan demlenmiş kahve (herhangi bir sıcaklıkta)
- $\frac{1}{4}$ bardak şeker
- $\frac{2}{3}$bardak Hollanda'da işlenmiş kakao tozu
- $1\frac{1}{2}$ ons şekersiz çikolata, ince doğranmış

Dondurma Tabanı

- $2\frac{2}{3}$bardak tam yağlı süt
- 1 yemek kaşığı artı 2 çay kaşığı mısır nişastası
- 2 ons (4 yemek kaşığı) krem peynir, yumuşatılmış
- $\frac{1}{8}$ çay kaşığı ince deniz tuzu
- $1\frac{1}{2}$ bardak ağır krema
- $\frac{3}{4}$ bardak şeker
- 3 yemek kaşığı hafif mısır şurubu

- 3 yemek kaşığı hafifçe ezilmiş kimyon tohumu
- $\frac{1}{2}$ bardak çavdar viskisi

Talimatlar:

a) Kahve, şeker ve kakaoyu küçük bir tencerede birleştirin, orta ateşte kaynatın ve şekeri eritene kadar karıştırarak 30 saniye kaynatın. Ocaktan alıp çikolatayı ekleyin. Birkaç dakika bekletin, sonra iyice pürüzsüz hale gelinceye kadar karıştırın.

b) Pürüzsüz bir bulamaç elde etmek için yaklaşık 2 yemek kaşığı sütü küçük bir kasede mısır nişastasıyla karıştırın .

c) Krem peyniri, sıcak çikolata ezmesini ve tuzu orta boy bir kapta pürüzsüz hale gelinceye kadar çırpın.

ç) Büyük bir kaseyi buz ve suyla doldurun.

d) Kalan sütü, kremayı, şekeri ve mısır şurubunu 4 litrelik bir tencerede birleştirin ve orta-yüksek ateşte kaynatın. Kimyon tohumlarını karıştırın ve

4 dakika kaynatın. Ateşten alın ve mısır nişastası bulamacını yavaş yavaş çırpın. Karışımı orta-yüksek ateşte tekrar kaynatın ve ısıya dayanıklı bir spatula ile karıştırarak, hafifçe koyulaşana kadar yaklaşık 1 dakika pişirin. Isıdan çıkarın.

e) Soğutun Sıcak süt karışımını yavaş yavaş krem peynir karışımına pürüzsüz hale gelinceye kadar çırpın. Viskiyi karıştırın. Karışımı 1 galonluk Ziplock dondurucu poşetine dökün ve kapalı poşeti buz banyosuna batırın. Gerektikçe daha fazla buz ekleyerek soğuyuncaya kadar yaklaşık 30 dakika bekletin.

f) Dondur Donmuş kutuyu dondurucudan çıkarın, dondurma makinenizi monte edin ve çalıştırın. Dondurma tabanını dondurulmuş kutuya dökün ve kalın ve kremsi hale gelinceye kadar döndürün.

g) Dondurmayı saklama kabına koyun. Bir parşömen tabakasını doğrudan yüzeye bastırın ve hava geçirmez bir kapakla kapatın. Dondurucunuzun en soğuk kısmında en az 4 saat sertleşinceye kadar dondurun .

9. Hindistan Cevizli-Cajeta Dondurma

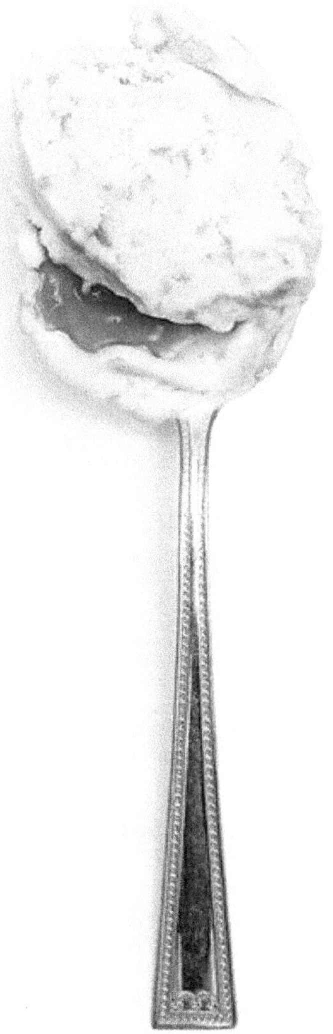

Yaklaşık 1 litre yapar

İçindekiler:

- ½ bardak şekersiz hindistan cevizi gevreği
- 2⅔bardak tam yağlı süt
- 1 yemek kaşığı artı 2 çay kaşığı mısır nişastası
- 2 ons (4 yemek kaşığı) krem peynir, yumuşatılmış
- ⅛ çay kaşığı ince deniz tuzu
- 1½ bardak ağır krema
- ¾ bardak şeker
- ¼ bardak hafif mısır şurubu
- 2 ila 3 damla hindistan cevizi özü (isteğe bağlı)
- ⅓bardak Cajeta

Talimatlar:

a) Fırını önceden 325°F'ye ısıtın.

b) Hindistan cevizini fırın tepsisine yayın. 10 dakika kızartın, ardından fırından çıkarın ve ısıya dayanıklı bir spatula ile fırlatın, hindistancevizinin dış kenarlarının daha az kızartılmış iç kısma doğru geldiğinden emin olun. Yayılıp 5 dakika daha kızartılır, sonra tekrar fırlatılır. Hindistan cevizi eşit şekilde altın kahverengi olana ve çok hoş kokulu olana kadar tekrarlayın. Fırından çıkarın ve tamamen soğumaya bırakın.

c) Pürüzsüz bir bulamaç elde etmek için yaklaşık 2 yemek kaşığı sütü küçük bir kasede mısır nişastasıyla karıştırın .

ç) Krem peyniri ve tuzu orta boy bir kapta pürüzsüz hale gelinceye kadar çırpın.

d) Büyük bir kaseyi buz ve suyla doldurun.

e) Kalan sütü, kremayı, şekeri ve mısır şurubunu 4 litrelik bir tencerede birleştirin, orta-yüksek ateşte kaynatın ve 4 dakika kaynatın. Ateşten alın ve mısır nişastası bulamacını yavaş yavaş çırpın. Karışımı orta-yüksek ateşte tekrar kaynatın ve ısıya dayanıklı bir spatula ile karıştırarak, hafifçe koyulaşana kadar yaklaşık 1 dakika pişirin. Isıdan çıkarın.

f) Soğutun Sıcak süt karışımını yavaş yavaş krem peynirin içine pürüzsüz hale gelinceye kadar çırpın. Kullanıyorsanız hindistan cevizi ekstraktını ekleyin. Karışımı 1 galonluk Ziplock dondurucu poşetine dökün ve kapalı poşeti buz banyosuna batırın. Gerektikçe daha fazla buz ekleyerek soğuyuncaya kadar yaklaşık 30 dakika bekletin.

g) Dondur Donmuş kutuyu dondurucudan çıkarın, dondurma makinenizi monte edin ve çalıştırın. Dondurma tabanını kutuya dökün ve kalın ve kremsi olana kadar döndürün.

ğ) Dondurmayı bir saklama kabına koyun, kavrulmuş hindistancevizi ile karıştırın ve ilerledikçe sosu da katlayın. Bir parşömen tabakasını doğrudan yüzeye bastırın ve hava geçirmez bir kapakla kapatın. Dondurucunuzun en soğuk kısmında en az 4 saat sertleşinceye kadar dondurun.

10. Kök Biralı Dondurma

Yaklaşık 1 litre yapar

İçindekiler:

- $2\frac{2}{3}$bardak tam yağlı süt
- 1 yemek kaşığı artı 2 çay kaşığı mısır nişastası
- 2 ons (4 yemek kaşığı) krem peynir, yumuşatılmış
- $\frac{1}{8}$ çay kaşığı ince deniz tuzu
- $1\frac{1}{2}$ bardak ağır krema
- $\frac{3}{4}$ bardak şeker
- $\frac{1}{4}$ bardak hafif mısır şurubu
- 2 yemek kaşığı kök birası konsantresi

Talimatlar:

a) Pürüzsüz bir bulamaç elde etmek için yaklaşık 2 yemek kaşığı sütü küçük bir kasede mısır nişastasıyla karıştırın .

b) Krem peyniri ve tuzu orta boy bir kapta pürüzsüz hale gelinceye kadar çırpın.

c) Büyük bir kaseyi buz ve suyla doldurun.

ç) Kalan sütü, kremayı, şekeri ve mısır şurubunu 4 litrelik bir tencerede birleştirin, orta-yüksek ateşte kaynatın ve 4 dakika kaynatın. Ateşten alın ve mısır nişastası bulamacını yavaş yavaş çırpın. Karışımı orta-yüksek ateşte tekrar kaynatın ve ısıya dayanıklı bir spatula ile karıştırarak, hafifçe koyulaşana kadar yaklaşık 1 dakika pişirin. Isıdan çıkarın.

d) Soğutun Sıcak süt karışımını yavaş yavaş krem peynirin içine pürüzsüz hale gelinceye kadar çırpın. Kök birası konsantresini ekleyin. Karışımı 1 galonluk Ziplock dondurucu poşetine dökün ve kapalı poşeti buz banyosuna batırın. Gerektikçe daha fazla buz ekleyerek soğuyuncaya kadar yaklaşık 30 dakika bekletin.

e) Dondur Donmuş kutuyu dondurucudan çıkarın, dondurma makinenizi monte edin ve çalıştırın. Dondurma tabanını dondurulmuş kutuya dökün ve kalın ve kremsi hale gelinceye kadar döndürün.

f) Dondurmayı saklama kabına koyun. Bir parşömen tabakasını doğrudan yüzeye bastırın ve hava geçirmez bir kapakla kapatın. Dondurucunuzun en soğuk kısmında en az 4 saat sertleşinceye kadar dondurun.

11. Manolya Mochi Dondurma

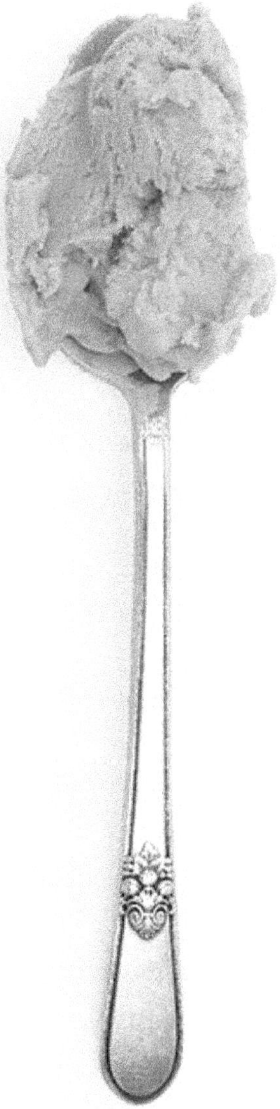

Yaklaşık 1 litre yapar

İçindekiler:

- 2⅔bardak tam yağlı süt
- 1 yemek kaşığı artı 2 çay kaşığı mısır nişastası
- 2 ons (4 yemek kaşığı) krem peynir, yumuşatılmış
- 1 yemek kaşığı kırmızı pancar tozu (renk için; Kaynaklara bakınız ; isteğe bağlı)
- $\frac{1}{4}$ çay kaşığı zerdeçal (renk için; isteğe bağlı)
- $\frac{1}{8}$ çay kaşığı ince deniz tuzu
- $1\frac{1}{2}$ bardak ağır krema
- $\frac{3}{4}$ bardak şeker
- $\frac{1}{4}$ bardak hafif mısır şurubu
- 1 ila 2 damla manolya esansiyel yağı
- $\frac{1}{2}$ fincan $\frac{1}{8}$-inç küpler Mochi Kek , dondurulmuş

Talimatlar:

a) Pürüzsüz bir bulamaç elde etmek için yaklaşık 2 yemek kaşığı sütü küçük bir kasede mısır nişastasıyla karıştırın .

b) Krem peyniri, pancar tozunu ve kullanıyorsanız zerdeçalı ve tuzu orta boy bir kapta pürüzsüz hale gelinceye kadar çırpın.

c) Büyük bir kaseyi buz ve suyla doldurun.

ç) Kalan sütü, kremayı, şekeri ve mısır şurubunu 4 litrelik bir tencerede birleştirin, orta-yüksek ateşte kaynatın ve 4 dakika kaynatın. Ateşten alın ve mısır nişastası bulamacını yavaş yavaş çırpın. Karışımı orta-yüksek ateşte tekrar kaynatın ve ısıya dayanıklı bir spatula ile karıştırarak, hafifçe koyulaşana kadar yaklaşık 1 dakika pişirin. Isıdan çıkarın.

d) Soğutun Sıcak süt karışımını yavaş yavaş krem peynirin içine pürüzsüz hale gelinceye kadar çırpın. Karışımı 1 galonluk Ziplock dondurucu poşetine dökün ve kapalı poşeti buz banyosuna batırın. Gerektikçe daha fazla buz ekleyerek

soğuyuncaya kadar yaklaşık 30 dakika bekletin.

e) Dondur Donmuş kutuyu dondurucudan çıkarın, dondurma makinenizi monte edin ve çalıştırın. Dondurma tabanını kutuya dökün, manolya esansiyel yağını ekleyin ve koyulaşıp kremsi hale gelinceye kadar çevirin.

f) Dondurmayı bir saklama kabına koyun ve kek küplerini ekleyerek karıştırın. Bir parşömen tabakasını doğrudan yüzeye bastırın ve hava geçirmez bir kapakla kapatın. Dondurucunuzun en soğuk kısmında en az 4 saat sertleşinceye kadar dondurun.

12. Graham Kraker Dondurma

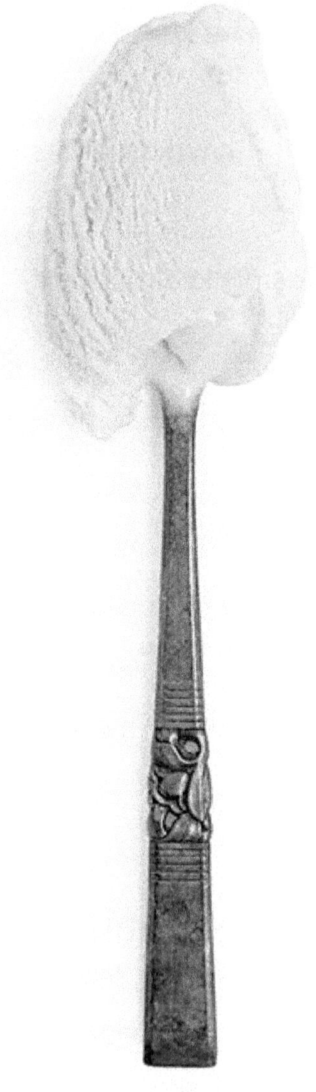

Yaklaşık 1 litre yapar

İçindekiler:

- 2⅔bardak tam yağlı süt
- 1 yemek kaşığı artı 2 çay kaşığı mısır nişastası
- 2 ons (4 yemek kaşığı) krem peynir, yumuşatılmış
- $\frac{1}{8}$ çay kaşığı ince deniz tuzu
- 1$\frac{1}{2}$ bardak ağır krema
- $\frac{3}{4}$ bardak şeker
- $\frac{1}{4}$ bardak hafif mısır şurubu
- $\frac{1}{2}$ su bardağı kabaca doğranmış Graham krakerleri

Talimatlar:

a) Pürüzsüz bir bulamaç elde etmek için yaklaşık 2 yemek kaşığı sütü küçük bir kasede mısır nişastasıyla karıştırın .

b) Krem peyniri ve tuzu orta boy bir kapta pürüzsüz hale gelinceye kadar çırpın.

c) Büyük bir kaseyi buz ve suyla doldurun.

ç) Kalan sütü, kremayı, şekeri ve mısır şurubunu 4 litrelik bir tencerede birleştirin, orta-yüksek ateşte kaynatın ve 4 dakika kaynatın. Ateşten alın ve mısır nişastası bulamacını yavaş yavaş çırpın. Karışımı orta-yüksek ateşte tekrar kaynatın ve ısıya dayanıklı bir spatula ile karıştırarak, hafifçe koyulaşana kadar yaklaşık 1 dakika pişirin. Isıdan çıkarın.

d) Soğutun Sıcak süt karışımını yavaş yavaş krem peynirin içine pürüzsüz hale gelinceye kadar çırpın. Krakerleri ekleyin ve krakerler eriyene kadar yaklaşık 3 dakika karışımın demlenmesini bekleyin. Karışımı bir elekten geçirin, ardından 1 galonluk Ziplock dondurucu poşetine dökün ve kapalı poşeti buz banyosuna batırın. Gerektikçe daha fazla buz ekleyerek soğuyuncaya kadar yaklaşık 30 dakika bekletin.

e) Dondur Donmuş kutuyu dondurucudan çıkarın, dondurma makinenizi monte edin ve çalıştırın. Dondurma tabanını dondurulmuş kutuya dökün ve kalın ve kremsi hale gelinceye kadar döndürün.

f) Dondurmayı saklama kabına koyun. Bir parşömen tabakasını doğrudan yüzeye bastırın ve hava geçirmez bir kapakla kapatın. Dondurucunuzun en soğuk kısmında en az 4 saat sertleşinceye kadar dondurun.

13. Peynirli Graham Kraker Dondurma

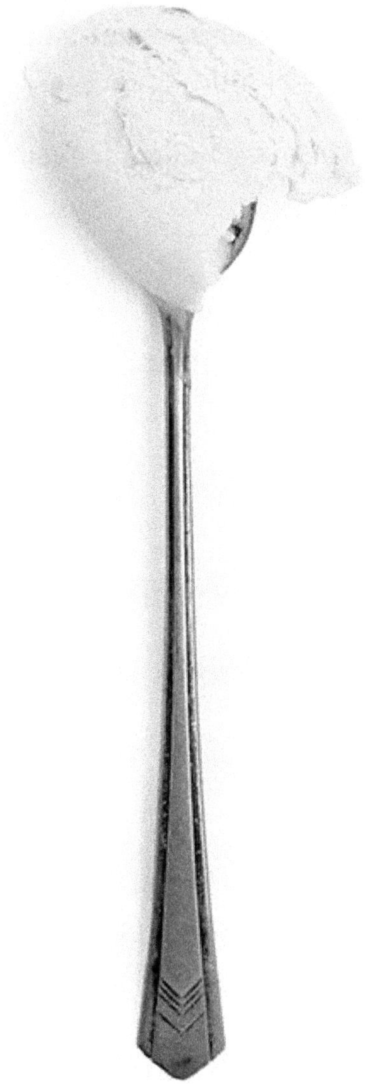

Yaklaşık 1 litre yapar

İçindekiler:

- $2\frac{2}{3}$bardak tam yağlı süt
- 1 yemek kaşığı artı 2 çay kaşığı mısır nişastası
- 2 ons Gorgonzola dolce
- $\frac{1}{8}$ çay kaşığı ince deniz tuzu
- $1\frac{1}{2}$ bardak ağır krema
- $\frac{3}{4}$ bardak şeker
- $\frac{1}{4}$ bardak hafif mısır şurubu
- $\frac{1}{2}$ bardak kabaca doğranmış graham kraker

Talimatlar:

a) Pürüzsüz bir bulamaç elde etmek için yaklaşık 2 yemek kaşığı sütü küçük bir kasede mısır nişastasıyla karıştırın .

b) Gorgonzola dolce'yi ve tuzu orta boy bir kapta pürüzsüz hale gelinceye kadar çırpın.

c) Büyük bir kaseyi buz ve suyla doldurun.

ç) Kalan sütü, kremayı, şekeri ve mısır şurubunu 4 litrelik bir tencerede birleştirin , orta-yüksek ateşte kaynatın ve 4 dakika kaynatın. Ateşten alın ve mısır nişastası bulamacını yavaş yavaş çırpın. Karışımı orta-yüksek ateşte tekrar kaynatın ve ısıya dayanıklı bir spatula ile karıştırarak, hafifçe koyulaşana kadar yaklaşık 1 dakika pişirin. Isıdan çıkarın.

d) Soğutun Sıcak süt karışımını yavaş yavaş krem peynirin içine pürüzsüz hale gelinceye kadar çırpın. Krakerleri ekleyin ve krakerler eriyene kadar yaklaşık 3 dakika karışımın demlenmesini bekleyin. Karışımı bir elekten geçirin, ardından 1 galonluk Ziplock dondurucu poşetine dökün ve kapalı poşeti buz banyosuna batırın. Gerektikçe daha fazla buz ekleyerek soğuyuncaya kadar yaklaşık 30 dakika bekletin.

e) Dondur Donmuş kutuyu dondurucudan çıkarın, dondurma makinenizi monte edin ve çalıştırın. Dondurma tabanını dondurulmuş kutuya dökün ve kalın ve kremsi hale gelinceye kadar döndürün.

f) Dondurmayı saklama kabına koyun. Bir parşömen tabakasını doğrudan yüzeye bastırın ve hava geçirmez bir kapakla kapatın. Dondurucunuzun en soğuk kısmında en az 4 saat sertleşinceye kadar dondurun.

14. Ballı Ayran Dondurma

Yaklaşık 1 litre yapar

İçindekiler:

- 2 bardak ayran
- 1 yemek kaşığı artı 2 çay kaşığı mısır nişastası
- 2 ons (4 yemek kaşığı) krem peynir, yumuşatılmış
- $\frac{1}{4}$ çay kaşığı ince deniz tuzu
- $\frac{1}{2}$ çay kaşığı zerdeçal (renk için; isteğe bağlı)
- Bir tutam acı biber veya tadına göre
- ⅔bardak bal
- $1\frac{1}{2}$ bardak ağır krema
- $\frac{1}{2}$ bardak Ballı Mısır Ekmeği Çakıl

Talimatlar:

a) Pürüzsüz bir bulamaç elde etmek için yaklaşık 2 yemek kaşığı ayranı mısır nişastasıyla küçük bir kapta karıştırın .

b) Krem peyniri, tuzu ve varsa zerdeçalı ve kırmızı biberi orta boy bir kapta pürüzsüz hale gelinceye kadar çırpın.

c) Büyük bir kaseyi buz ve suyla doldurun.

ç) Balı 4 litrelik bir tencerede orta-yüksek ateşte kaynamaya başlayana ve duman çıkmaya başlayana kadar ısıtın. Tavayı ocaktan alın ve yaklaşık $\frac{1}{4}$ bardak kremayı karıştırın. Yavaş yavaş kremanın geri kalanını ekleyin, karışana kadar karıştırın.

d) Kalan ayranı ekleyin, orta-yüksek ateşte kaynatın ve 4 dakika kaynatın. Ateşten alın ve mısır nişastası bulamacını yavaş yavaş çırpın. Karışımı orta-yüksek ateşte tekrar kaynatın ve ısıya dayanıklı bir spatula ile karıştırarak, hafifçe koyulaşana kadar yaklaşık 1 dakika pişirin. Isıdan çıkarın.

e) Soğutun Sıcak süt karışımını yavaş yavaş krem peynirin içine pürüzsüz hale gelinceye kadar çırpın. Karışımı 1 galonluk Ziplock dondurucu poşetine dökün ve kapalı poşeti buz banyosuna batırın. Gerektikçe daha fazla buz ekleyerek

soğuyuncaya kadar yaklaşık 30 dakika bekletin.

f) Dondur Donmuş kutuyu dondurucudan çıkarın, dondurma makinenizi monte edin ve çalıştırın. Dondurma tabanını dondurulmuş kutuya dökün ve kalın ve kremsi hale gelinceye kadar döndürün.

g) Dondurmayı bir saklama kabına koyun ve giderken mısır ekmeği çakılını da ekleyerek karıştırın. Bir parşömen tabakasını doğrudan yüzeye bastırın ve hava geçirmez bir kapakla kapatın. Dondurucunuzun en soğuk kısmında en az 4 saat sertleşinceye kadar dondurun.

15. Balkabaklı Dondurma

Yaklaşık 1 litre yapar

İçindekiler:

- $2\frac{2}{3}$bardak tam yağlı süt
- 1 yemek kaşığı artı 2 çay kaşığı mısır nişastası
- 2 ons (4 yemek kaşığı) krem peynir, yumuşatılmış
- $\frac{1}{8}$ çay kaşığı ince deniz tuzu
- $1\frac{1}{2}$ bardak ağır krema
- $\frac{3}{4}$ bardak şeker
- 2 yemek kaşığı pekmez
- 2 yemek kaşığı hafif mısır şurubu
- 3 ila 4 damla kimyon esansiyel yağı
- $\frac{1}{2}$ bardak Pumpernickel Çakıl

Talimatlar:

a) Pürüzsüz bir bulamaç elde etmek için yaklaşık 2 yemek kaşığı sütü küçük bir kasede mısır nişastasıyla karıştırın .

b) Krem peyniri ve tuzu orta boy bir kapta pürüzsüz hale gelinceye kadar çırpın.

c) Büyük bir kaseyi buz ve suyla doldurun.

ç) Kalan sütü, kremayı, şekeri, pekmezi ve mısır şurubunu 4 litrelik bir tencerede birleştirin, orta-yüksek ateşte kaynatın ve 4 dakika kaynatın. Ateşten alın ve mısır nişastası bulamacını yavaş yavaş çırpın. Karışımı orta-yüksek ateşte tekrar kaynatın ve ısıya dayanıklı bir spatula ile karıştırarak, hafifçe koyulaşana kadar yaklaşık 1 dakika pişirin. Isıdan çıkarın.

d) Soğutun Sıcak süt karışımını yavaş yavaş krem peynirin içine pürüzsüz hale gelinceye kadar çırpın. Karışımı 1 galonluk Ziplock dondurucu poşetine dökün ve kapalı poşeti buz banyosuna batırın. Gerektikçe daha fazla buz ekleyerek soğuyuncaya kadar yaklaşık 30 dakika bekletin.

e) Dondur Donmuş kutuyu dondurucudan çıkarın, dondurma makinenizi monte edin ve çalıştırın. Dondurma tabanını kutuya dökün, kimyon yağını ekleyin ve kalın ve kremsi bir kıvama gelinceye kadar çevirin.

f) Dondurmayı bir saklama kabına koyun ve giderken kabak çekirdeği çakılını da karıştırın. Bir parşömen tabakasını doğrudan yüzeye bastırın ve hava geçirmez bir kapakla kapatın.

g) Dondurucunuzun en soğuk kısmında en az 4 saat sertleşinceye kadar dondurun.

16. Sinek Kuşu Kek Dondurma

Yaklaşık 1 litre yapar

İçindekiler:

- ½ fincan kabaca ufalanmış Lady Cake , soğutulmuş
- 3 yemek kaşığı Ananas Sosu , soğutulmuş
- 2 yemek kaşığı kıyılmış kızarmış ceviz
- 2⅔bardak tam yağlı süt
- 1 yemek kaşığı artı 2 çay kaşığı mısır nişastası
- 5 ons (10 yemek kaşığı) krem peynir, yumuşatılmış
- ¼ çay kaşığı öğütülmüş tarçın
- ⅛ çay kaşığı ince deniz tuzu
- 1½ bardak ağır krema
- ¾ bardak şeker
- ¼ bardak hafif mısır şurubu
- 1 olgun muz
- 1 çay kaşığı vanilya özü

Talimatlar:

a) Kek, ananas sosu ve cevizleri geniş bir kapta karıştırın ve daha sonra kullanmak üzere dondurun.

b) Pürüzsüz bir bulamaç elde etmek için yaklaşık 2 yemek kaşığı sütü küçük bir kasede mısır nişastasıyla karıştırın .

c) Krem peyniri, tarçını ve tuzu orta boy bir kapta pürüzsüz hale gelinceye kadar çırpın.

ç) Büyük bir kaseyi buz ve suyla doldurun.

d) Kalan sütü, kremayı, şekeri ve mısır şurubunu 4 litrelik bir tencerede birleştirin, orta-yüksek ateşte kaynatın ve 4 dakika kaynatın. Ateşten alın ve mısır nişastası bulamacını yavaş yavaş çırpın. Orta-yüksek ateşte tekrar kaynatın ve ısıya dayanıklı bir spatula ile karıştırarak, hafifçe koyulaşana kadar yaklaşık 1 dakika pişirin. Isıdan çıkarın.

e) Soğutun Sıcak süt karışımını yavaş yavaş krem peynirin içine pürüzsüz hale gelinceye kadar çırpın.

f) Muzu soyun, parçalara ayırın ve bir mutfak robotunda tamamen pürüzsüz hale gelinceye kadar püre haline getirin. Püreyi dondurma tabanına karıştırın ve vanilya özütünü ekleyerek çırpın. Karışımı 1 galonluk Ziplock dondurucu poşetine dökün ve kapalı poşeti buz banyosuna batırın. Gerektikçe daha fazla buz ekleyerek soğuyuncaya kadar yaklaşık 30 dakika bekletin.

g) Dondur Donmuş kutuyu dondurucudan çıkarın, dondurma makinenizi monte edin ve çalıştırın. Dondurma tabanını dondurulmuş kutuya dökün ve kalın ve kremsi hale gelinceye kadar döndürün.

ğ) Yumuşak dondurmayı kek/ananas sosu/ceviz karışımına dökün ve iyice birleşene kadar birlikte katlayın; dondurmanın erimemesi için hızlı çalışın! Bir saklama kabına paketleyin.

h) Bir parşömen tabakasını doğrudan yüzeye bastırın ve hava geçirmez bir kapakla kapatın. Dondurucunuzun en soğuk kısmında en az 4 saat sertleşinceye kadar dondurun.

17. Mango Manchego Dondurma

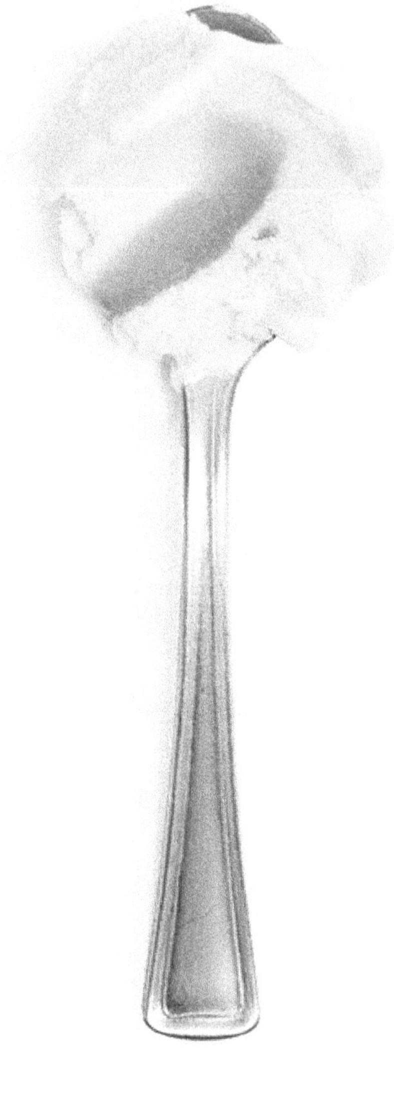

Yaklaşık 1 litre yapar

İçindekiler:

- $2\frac{2}{3}$bardak tam yağlı süt
- 1 yemek kaşığı artı 2 çay kaşığı mısır nişastası
- 2 ons (4 yemek kaşığı) krem peynir, yumuşatılmış
- $\frac{1}{8}$ çay kaşığı ince deniz tuzu
- $1\frac{1}{2}$ bardak ağır krema
- $\frac{3}{4}$ bardak şeker
- $\frac{1}{4}$ bardak hafif mısır şurubu
- 1 su bardağı rendelenmiş Manchego
- $\frac{1}{2}$ bardak Mango Reçeli

Talimatlar:

a) Pürüzsüz bir bulamaç elde etmek için yaklaşık 2 yemek kaşığı sütü küçük bir kasede mısır nişastasıyla karıştırın .

b) Krem peyniri ve tuzu orta boy bir kapta pürüzsüz hale gelinceye kadar çırpın.

c) Büyük bir kaseyi buz ve suyla doldurun.

ç) Kalan sütü, kremayı, şekeri ve mısır şurubunu 4 litrelik bir tencerede birleştirin, orta-yüksek ateşte kaynatın ve 4 dakika kaynatın. Ateşten alın ve mısır nişastası bulamacı ve Manchego'yu yavaş yavaş çırpın. Karışımı orta-yüksek ateşte tekrar kaynatın ve ısıya dayanıklı bir spatula ile karıştırarak, hafifçe koyulaşana kadar yaklaşık 1 dakika pişirin. Isıdan çıkarın.

d) Soğutun Sıcak süt karışımını yavaş yavaş krem peynirin içine pürüzsüz hale gelinceye kadar çırpın. Karışımı 1 galonluk Ziplock dondurucu poşetine dökün ve kapalı poşeti buz banyosuna batırın. Gerektikçe daha fazla buz ekleyerek soğuyuncaya kadar yaklaşık 30 dakika bekletin.

e) Dondur Donmuş kutuyu dondurucudan çıkarın, dondurma makinenizi monte edin ve çalıştırın. Dondurma tabanını kutuya dökün ve kalın ve kremsi olana kadar döndürün.

f) Dondurmayı bir saklama kabına koyun, ilerledikçe reçeli de katlayın. Bir parşömen tabakasını doğrudan yüzeye bastırın ve hava geçirmez bir kapakla kapatın.

g) Dondurucunuzun en soğuk kısmında en az 4 saat sertleşinceye kadar dondurun.

18. Ay Işığı ve Mısır Şurubu Muhallebi

Yaklaşık 1 litre yapar

İçindekiler:

- 2⅔bardak tam yağlı süt
- 1 yemek kaşığı artı 2 çay kaşığı mısır nişastası
- 2 ons (4 yemek kaşığı) krem peynir, yumuşatılmış
- ⅛ çay kaşığı ince deniz tuzu
- 1½ bardak ağır krema
- ⅔su bardağı şeker
- ¼ bardak hafif mısır şurubu
- ⅓ila ½ bardak kaçak içki veya beyaz viski
- ⅔bardak kızarmış tuzlu ceviz yarımları
- ½ bardak Mısır Şurubu Muhallebi

Talimatlar:

a) Pürüzsüz bir bulamaç elde etmek için yaklaşık 2 yemek kaşığı sütü küçük bir kasede mısır nişastasıyla karıştırın .

b) Krem peyniri ve tuzu orta boy bir kapta pürüzsüz hale gelinceye kadar çırpın.

c) Büyük bir kaseyi buz ve suyla doldurun.

ç) Kalan sütü, kremayı, şekeri ve mısır şurubunu 4 litrelik bir tencerede birleştirin, orta-yüksek ateşte kaynatın ve 4 dakika kaynatın. Ateşten alın ve mısır nişastası bulamacını yavaş yavaş çırpın. Karışımı orta-yüksek ateşte tekrar kaynatın ve ısıya dayanıklı bir spatula ile karıştırarak, hafifçe koyulaşana kadar yaklaşık 1 dakika pişirin. Isıdan çıkarın.

d) Soğutun Sıcak süt karışımını yavaş yavaş krem peynirin içine pürüzsüz hale gelinceye kadar çırpın. Karışımı 1 galonluk Ziplock dondurucu poşetine dökün ve kapalı poşeti buz banyosuna batırın. Gerektikçe daha fazla buz ekleyerek soğuyuncaya kadar yaklaşık 30 dakika bekletin. Ay ışığını karıştırın.

e) Dondur Donmuş kutuyu dondurucudan çıkarın, dondurma makinenizi monte edin ve çalıştırın. Dondurma tabanını kutuya dökün ve kalın ve kremsi olana kadar döndürün.

f) Dondurmayı bir saklama kabına koyun, giderken cevizleri ve muhallebiyi de katlayın. Bir parşömen tabakasını doğrudan yüzeye bastırın ve hava geçirmez bir kapakla kapatın.

g) Dondurucunuzun en soğuk kısmında en az 4 saat sertleşinceye kadar dondurun.

19. Beyaz Saray Vişneli Dondurma

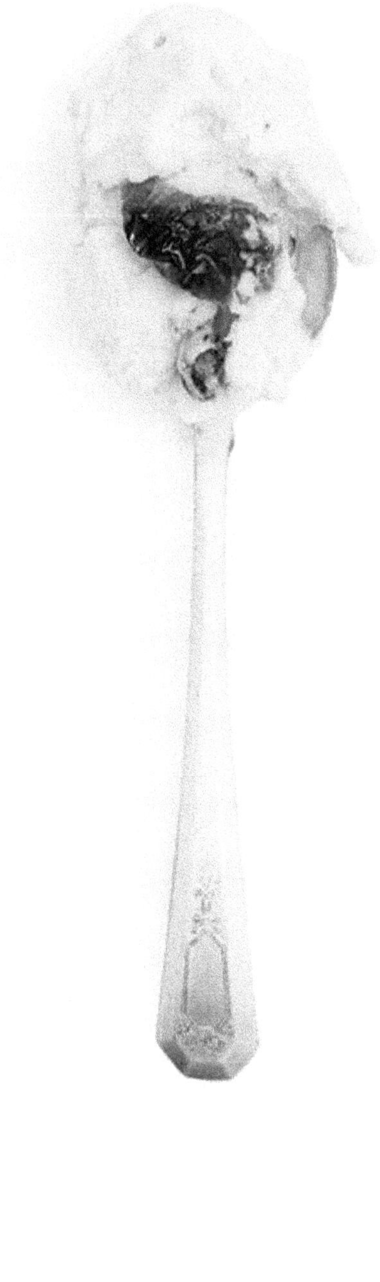

Yaklaşık 1 litre yapar

İçindekiler:

- 2⅔bardak tam yağlı süt
- 1 yemek kaşığı artı 2 çay kaşığı mısır nişastası
- 2 ons (4 yemek kaşığı) krem peynir, yumuşatılmış
- $\frac{1}{8}$ çay kaşığı ince deniz tuzu
- $1\frac{1}{2}$ bardak ağır krema
- $\frac{3}{4}$ bardak şeker
- $\frac{1}{4}$ bardak hafif mısır şurubu
- 1 ila 2 damla kiraz çiçeği özü
- 4 ons beyaz çikolata, doğranmış
- $\frac{1}{4}$ bardak Beyaz Saray Kirazları , süzülmüş
- Bir avuç Antep fıstığı (isteğe bağlı)

Talimatlar:

a) Pürüzsüz bir bulamaç elde etmek için yaklaşık 2 yemek kaşığı sütü küçük bir kasede mısır nişastasıyla karıştırın .

b) Krem peyniri ve tuzu orta boy bir kapta pürüzsüz hale gelinceye kadar çırpın.

c) Büyük bir kaseyi buz ve suyla doldurun.

ç) Kalan sütü, kremayı, şekeri ve mısır şurubunu 4 litrelik bir tencerede birleştirin, orta-yüksek ateşte kaynatın ve 4 dakika kaynatın. Ateşten alın ve mısır nişastası bulamacını yavaş yavaş çırpın. Karışımı orta-yüksek ateşte tekrar kaynatın ve ısıya dayanıklı bir spatula ile karıştırarak, hafifçe koyulaşana kadar yaklaşık 1 dakika pişirin. Isıdan çıkarın.

d) Soğutun Sıcak süt karışımını yavaş yavaş krem peynirin içine pürüzsüz hale gelinceye kadar çırpın. Karışımı 1 galonluk Ziplock dondurucu poşetine dökün ve kapalı poşeti buz banyosuna batırın. Gerektikçe daha fazla buz ekleyerek soğuyuncaya kadar yaklaşık 30 dakika bekletin.

e) Dondur Donmuş kutuyu dondurucudan çıkarın, dondurma makinenizi monte edin ve çalıştırın. Dondurma tabanını kutuya dökün, kiraz çiçeği özünü ekleyin ve kalın ve kremsi bir kıvama gelinceye kadar çevirin. Bu arada çikolatayı kaynayan suyun üzerinde benmari usulü eritin. Ateşten alın ve ılık fakat yine de dökülebilir hale gelinceye kadar soğumaya bırakın.

f) Dondurma neredeyse hazır olduğunda, eritilmiş çikolatayı yavaş yavaş makinenin üst kısmındaki açıklıktan gezdirin ve katılaşmasına izin verin ve ardından yaklaşık 2 dakika boyunca dondurmanın içinde parçalayın.

g) Dondurmayı bir saklama kabına koyun, kullandıkça kirazları ve antep fıstıklarını da katlayın. Bir parşömen tabakasını doğrudan yüzeye bastırın ve hava geçirmez bir kapakla kapatın.

ğ) Dondurucunuzun en soğuk kısmında en az 4 saat sertleşinceye kadar dondurun.

20. Yazoo Sue Dondurma

Yaklaşık 1 litre yapar

İçindekiler:

- 2⅔bardak tam yağlı süt
- 1 yemek kaşığı artı 2 çay kaşığı mısır nişastası
- 2 ons (4 yemek kaşığı) krem peynir, yumuşatılmış
- $\frac{1}{8}$ çay kaşığı ince deniz tuzu
- 1$\frac{1}{2}$ bardak ağır krema
- $\frac{3}{4}$ bardak şeker
- $\frac{1}{4}$ bardak hafif mısır şurubu
- ⅓fincan füme hamal
- $\frac{1}{2}$ bardak Biberiye Bar Fındığı

Talimatlar:

a) Pürüzsüz bir bulamaç elde etmek için yaklaşık 2 yemek kaşığı sütü küçük bir kasede mısır nişastasıyla karıştırın .

b) Krem peyniri ve tuzu orta boy bir kapta pürüzsüz hale gelinceye kadar çırpın.

c) Büyük bir kaseyi buz ve suyla doldurun.

ç) Kalan sütü, kremayı, şekeri ve mısır şurubunu 4 litrelik bir tencerede birleştirin, orta-yüksek ateşte kaynatın ve 4 dakika kaynatın.

d) Ateşten alın ve mısır nişastası bulamacını yavaş yavaş çırpın. Karışımı orta-yüksek ateşte tekrar kaynatın ve ısıya dayanıklı bir spatula ile karıştırarak, hafifçe koyulaşana kadar yaklaşık 1 dakika pişirin. Isıdan çıkarın.

e) Soğutun Sıcak süt karışımını yavaş yavaş krem peynirin içine pürüzsüz hale gelene kadar çırpın, ardından birayı ekleyin. Karışımı 1 galonluk Ziplock dondurucu poşetine dökün ve kapalı poşeti buz banyosuna batırın. Gerektikçe daha fazla buz ekleyerek soğuyuncaya kadar yaklaşık 30 dakika bekletin.

f) Dondur Donmuş kutuyu dondurucudan çıkarın, dondurma makinenizi monte edin ve çalıştırın. Dondurma tabanını kutuya dökün ve kalın ve kremsi olana kadar döndürün.

g) Dondurmayı bir saklama kabına koyun ve ilerledikçe çubuk fındıklarını da katlayın . Bir parşömen tabakasını doğrudan yüzeye bastırın ve hava geçirmez bir kapakla kapatın.

ğ) Dondurucunuzun en soğuk kısmında en az 4 saat sertleşinceye kadar dondurun.

21. Ayran Yumuşak Servis

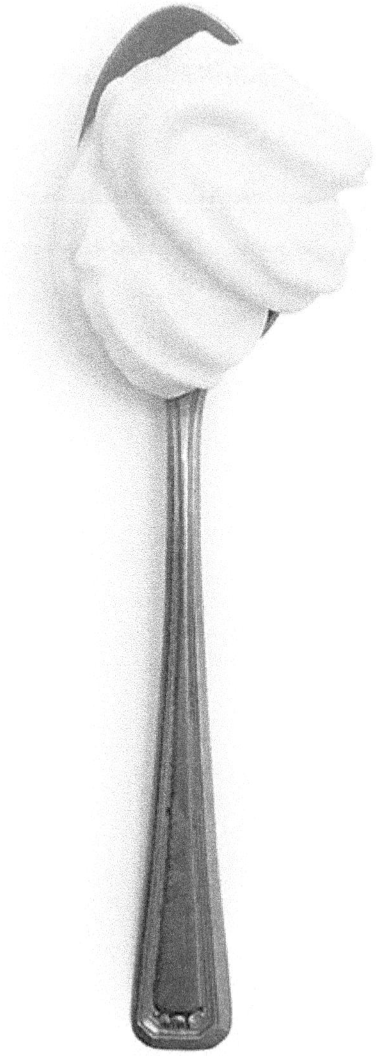

Yaklaşık 1 litre yapar

İçindekiler:

- $1\frac{1}{4}$ bardak ağır krema
- 2 yemek kaşığı mısır nişastası
- 3 ons (6 yemek kaşığı) krem peynir, yumuşatılmış
- $\frac{1}{4}$ çay kaşığı ince deniz tuzu
- ⅔su bardağı şeker
- 2 yemek kaşığı hafif mısır şurubu
- $2\frac{1}{2}$ bardak ayran, tam yağlı süt veya %2 süt

Talimatlar:

a) Pürüzsüz bir bulamaç elde etmek için 3 ila 4 yemek kaşığı kremayı mısır nişastasıyla küçük bir kasede karıştırın .

b) Krem peyniri ve tuzu orta boy bir kapta pürüzsüz hale gelinceye kadar çırpın.

c) Büyük bir kaseyi buz ve suyla doldurun.

ç) Kalan kremayı, şekeri ve mısır şurubunu 4 litrelik bir tencerede birleştirin, orta-yüksek ateşte kaynatın ve 4 dakika kaynatın. Ateşten alın ve mısır nişastası bulamacını yavaş yavaş çırpın. Karışımı orta-yüksek ateşte tekrar kaynatın ve ısıya dayanıklı bir spatula ile karıştırarak, hafifçe koyulaşana kadar yaklaşık 20 saniye pişirin. Isıdan çıkarın.

d) Soğutun Sıcak süt karışımını yavaş yavaş krem peynirin içine pürüzsüz hale gelinceye kadar çırpın. Ayranı karıştırın.

e) Karışımı 1 galonluk Kilitli torbaya dökün ve kapalı torbayı buz banyosuna batırın. Gerektikçe daha fazla buz ekleyerek soğuyuncaya kadar yaklaşık 30 dakika bekletin.

f) Donmak

g) Yumuşak servis makinesi kullanıyorsanız

ğ) Dondurulmuş kutuyu dondurucudan çıkarın, dondurma makinenizi monte edin ve açın. Dondurma tabanını kutuya dökün ve kalın ve kremsi olana kadar döndürün.

Dondurmanın bir kısmını kaseye bırakmak için sapı kullanın. Dondurma çok yumuşaksa tekrar içine atın ve istenilen kıvama gelinceye kadar çalkalamaya devam edin. Derhal servis yapın.

h) Normal bir dondurma makinesi kullanıyorsanız

ı) Dondurulmuş kutuyu dondurucudan çıkarın, dondurma makinenizi monte edin ve açın. Dondurma tabanını kutuya dökün ve kalın ve kremsi olana kadar döndürün.

i) Doğrudan makineden servis yapın veya kepçeyle alınabilir bir versiyon için dondurmayı bir saklama kabına koyun. Bir parşömen tabakasını doğrudan yüzeye bastırın ve hava geçirmez bir kapakla kapatın.

j) Dondurucunuzun en soğuk kısmında en az 4 saat sertleşinceye kadar dondurun.

MUHALLEBİ

22. Tuzlu Vanilyalı Dondurulmuş Muhallebi

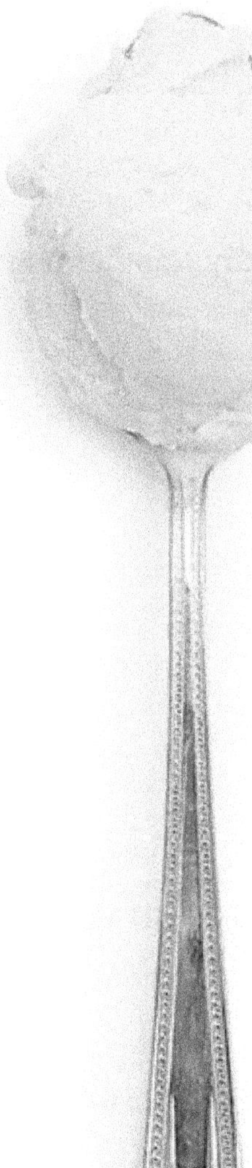

Yaklaşık 1 litre yapar

İçindekiler:

- $2\frac{3}{4}$ bardak tam yağlı süt
- 6 büyük yumurta sarısı
- 1 yemek kaşığı artı 2 çay kaşığı mısır nişastası
- 1 ons (2 yemek kaşığı) krem peynir, yumuşatılmış
- $\frac{3}{4}$ çay kaşığı ince deniz tuzu
- 3 çay kaşığı vanilya özü
- 1 bardak ağır krema
- $\frac{3}{4}$ bardak şeker
- 2 yemek kaşığı hafif mısır şurubu

Talimatlar:

a) Yaklaşık 2 yemek kaşığı süt, yumurta sarısı ve mısır nişastasını küçük bir kasede karıştırın ve bir kenara koyun.

b) Krem peyniri, tuzu ve vanilyayı orta boy bir kapta pürüzsüz hale gelinceye kadar çırpın.

c) Büyük bir kaseyi buz ve suyla doldurun.

ç) Kalan sütü, kremayı, şekeri ve mısır şurubunu 4 litrelik bir tencerede birleştirin, orta-yüksek ateşte kaynatın ve 4 dakika kaynatın.

d) Ateşten alın ve yaklaşık 2 bardak sıcak süt karışımını, her seferinde bir kepçe olacak şekilde yumurta sarısı karışımına yavaş yavaş ekleyin ve her eklemeden sonra iyice karıştırın.

e) Karışımı tekrar tencereye dökün ve orta ateşte, ısıya dayanıklı bir spatula ile sürekli karıştırarak, kaynayıncaya kadar ısıtın. Gerekirse ocaktan alıp süzgeçten geçirin.

f) Soğutun Sıcak süt karışımını yavaş yavaş krem peynir karışımına pürüzsüz hale gelinceye kadar çırpın. Karışımı 1 galonluk Ziplock dondurucu poşetine dökün ve kapalı poşeti buz banyosuna batırın.

Gerektikçe daha fazla buz ekleyerek soğuyuncaya kadar yaklaşık 30 dakika bekletin.

g) Dondur Donmuş kutuyu dondurucudan çıkarın, dondurma makinenizi monte edin ve çalıştırın. Muhallebi tabanını kutuya dökün ve kalın ve kremsi olana kadar çevirin.

ğ) Muhallebiyi saklama kabına paketleyin. Bir parşömen tabakasını doğrudan yüzeye bastırın ve hava geçirmez bir kapakla kapatın. Dondurucunuzun en soğuk kısmında en az 4 saat sertleşinceye kadar dondurun.

23. Fransız Tostu Dondurulmuş Muhallebi

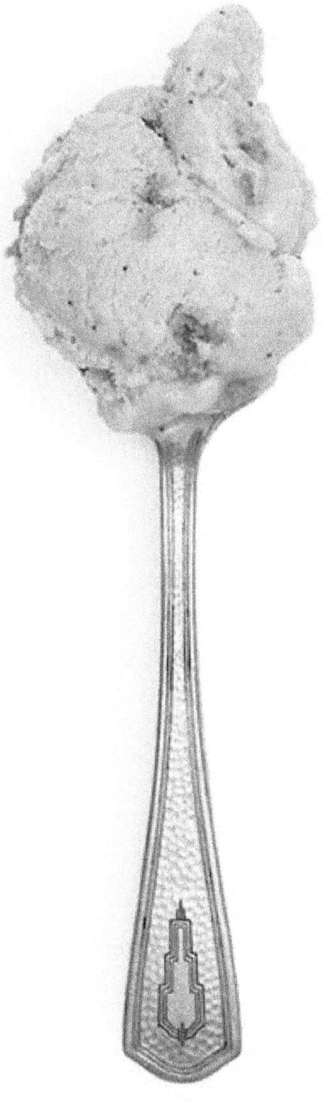

Yaklaşık 1 litre yapar

İçindekiler:

- $2\frac{3}{4}$ bardak tam yağlı süt
- 6 büyük yumurta sarısı
- 1 yemek kaşığı artı 2 çay kaşığı mısır nişastası
- 1 ons (2 yemek kaşığı) krem peynir, yumuşatılmış
- $\frac{1}{2}$ çay kaşığı vanilya özü
- 1 çay kaşığı öğütülmüş tarçın
- 1 çay kaşığı taze kavrulmuş, ince öğütülmüş kahve
- $\frac{1}{4}$ çay kaşığı tuz
- 1 bardak ağır krema
- 2 yemek kaşığı hafif mısır şurubu
- $1\frac{1}{2}$ bardak akçaağaç şurubu
- $\frac{1}{2}$ fincan ($\frac{1}{4}$ inç) brioche küpleri (2 ila 3 dilimli börek), kızartılmış veya Fransız Tostu Çakıl

Talimatlar:

a) Yaklaşık 2 yemek kaşığı süt, yumurta sarısı ve mısır nişastasını küçük bir kasede karıştırın ve bir kenara koyun.

b) Krem peyniri, vanilyayı, tarçını, kahveyi ve tuzu orta boy bir kapta pürüzsüz hale gelinceye kadar çırpın.

c) Kremayı mısır şurubu ile küçük bir kapta karıştırın.

ç) Büyük bir kaseyi buz ve suyla doldurun.

d) Akçaağaç şurubunu 4 litrelik bir tencerede orta-yüksek ateşte kaynatın. Isıyı orta dereceye düşürün ve şurup yarı yarıya azalıncaya kadar 8 dakika pişirmeye devam edin. Ateşten alın ve krema karışımını, her seferinde bir kepçe olacak şekilde, sürekli karıştırarak yavaş yavaş ekleyin. Kalan sütü karıştırın.

e) Tencereyi tekrar ocağa alın ve orta ateşte ısıtın, karışımı kaynayana kadar pişirin ve 4 dakika pişirin (asitli akçaağaçtan dolayı kesilmiş gibi görünebilir, ancak bitmiş muhallebi içinde tekrar bir araya gelecektir).

f) Ateşten alın ve bu karışımdan yaklaşık 2 bardak kadarını yavaş yavaş yumurta sarısı karışımına ekleyin, her seferinde bir kepçe olacak şekilde, her eklemeden sonra iyice karıştırın.

g) Karışımı tencereye dökün ve orta ateşte, karışım kaynayana kadar ısıtın, ardından ocaktan alın. Gerekirse süzgeçten geçirin.

ğ) Soğutun Sıcak süt karışımını yavaş yavaş krem peynir karışımına pürüzsüz hale gelinceye kadar çırpın. Karışımı 1 galonluk Ziplock dondurucu poşetine dökün ve kapalı poşeti buz banyosuna batırın. Gerektikçe daha fazla buz ekleyerek soğuyuncaya kadar yaklaşık 30 dakika bekletin.

h) Dondur Donmuş kutuyu dondurucudan çıkarın, dondurma makinenizi monte edin ve çalıştırın. Muhallebi tabanını kutuya dökün ve kalın ve kremsi olana kadar çevirin.

ı) Muhallebiyi bir saklama kabına koyun ve bir yandan da kızartılmış brioche küplerini ekleyerek karıştırın. Bir parşömen tabakasını doğrudan yüzeye bastırın ve hava geçirmez bir kapakla kapatın. Dondurucunuzun en soğuk kısmında en az 4 saat sertleşinceye kadar dondurun.

24. Eggnog Dondurulmuş Muhallebi

Yaklaşık 1 litre yapar

İçindekiler:

- $2\frac{3}{4}$ bardak tam yağlı süt
- 6 büyük yumurta sarısı
- 1 yemek kaşığı artı 2 çay kaşığı mısır nişastası
- 1 ons (2 yemek kaşığı) krem peynir, yumuşatılmış
- $\frac{1}{2}$ çay kaşığı ince deniz tuzu
- $\frac{1}{8}$ çay kaşığı rendelenmiş hindistan cevizi
- $\frac{1}{2}$ çay kaşığı vanilya özü
- 1 bardak ağır krema
- $\frac{3}{4}$ bardak şeker
- 2 yemek kaşığı hafif mısır şurubu
- $\frac{1}{4}$ bardak viski (veya rom veya brendi)

Talimatlar:

a) Yaklaşık 2 yemek kaşığı süt, yumurta sarısı ve mısır nişastasını küçük bir kasede karıştırın ve bir kenara koyun.

b) Krem peyniri, tuzu, hindistan cevizini ve vanilyayı orta boy bir kapta pürüzsüz hale gelinceye kadar çırpın.

c) Büyük bir kaseyi buz ve suyla doldurun.

ç) Kalan sütü, kremayı, şekeri ve mısır şurubunu 4 litrelik bir tencerede birleştirin, orta-yüksek ateşte kaynatın ve 4 dakika kaynatın.

d) Ateşten alın ve yaklaşık 2 bardak sıcak süt karışımını, her seferinde bir kepçe olacak şekilde yumurta sarısı karışımına yavaş yavaş ekleyin ve her eklemeden sonra iyice karıştırın.

e) Karışımı tekrar tencereye dökün ve orta ateşte, ısıya dayanıklı bir spatula ile sürekli karıştırarak, kaynayıncaya kadar ısıtın. Gerekirse ocaktan alıp süzgeçten geçirin.

f) Soğutun Sıcak süt karışımını yavaş yavaş krem peynir karışımına pürüzsüz hale gelinceye kadar çırpın. Karışımı 1 galonluk Ziplock dondurucu poşetine dökün ve kapalı poşeti buz banyosuna batırın.

Gerektikçe daha fazla buz ekleyerek soğuyuncaya kadar yaklaşık 30 dakika bekletin .

g) Dondur Donmuş kutuyu dondurucudan çıkarın, dondurma makinenizi monte edin ve çalıştırın. Muhallebi tabanını kutuya dökün, viskiyi ekleyin ve kalın ve kremsi bir kıvama gelinceye kadar çevirin.

ğ) Muhallebiyi saklama kabına paketleyin. Bir parşömen tabakasını doğrudan yüzeye bastırın ve hava geçirmez bir kapakla kapatın. Dondurucunuzun en soğuk kısmında en az 4 saat sertleşinceye kadar dondurun.

25. Portakal Çiçeği Bisque Muhallebi

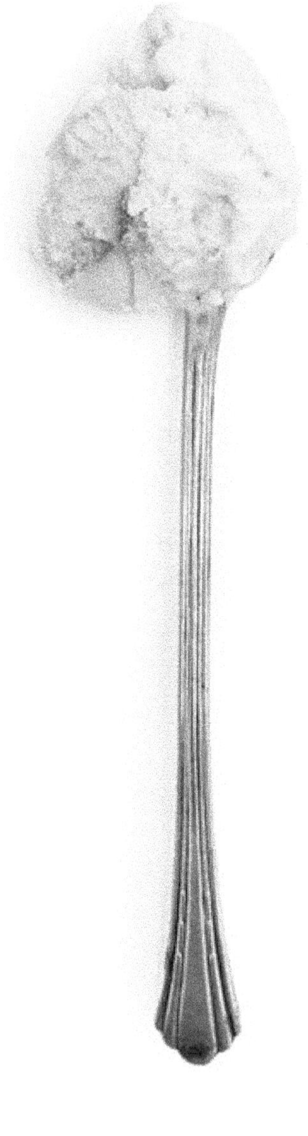

Yaklaşık 1 litre yapar

İçindekiler:

- $2\frac{3}{4}$ bardak tam yağlı süt
- 6 büyük yumurta sarısı
- 1 yemek kaşığı artı 2 çay kaşığı mısır nişastası
- 1 ons (2 yemek kaşığı) krem peynir, yumuşatılmış
- 2 çay kaşığı vanilya özü
- $\frac{3}{4}$ çay kaşığı badem özü
- $\frac{1}{2}$ çay kaşığı ince deniz tuzu
- 1 bardak ağır krema
- $\frac{3}{4}$ bardak şeker
- 2 yemek kaşığı hafif mısır şurubu
- 1 ila 2 damla portakal çiçeği esansiyel yağı
- $\frac{1}{2}$ su bardağı kavrulmuş badem, çok ince doğranmış
- $\frac{1}{2}$ bardak ufalanmış amaretti kurabiyesi

- 12 ila 16 Amarena kirazı (Kaynaklara bakın ; isteğe bağlı)

Talimatlar:

a) Yaklaşık 2 yemek kaşığı süt, yumurta sarısı ve mısır nişastasını küçük bir kasede karıştırın ve bir kenara koyun.

b) Krem peyniri, vanilyayı, badem özünü ve tuzu orta boy bir kapta pürüzsüz hale gelinceye kadar çırpın.

c) Büyük bir kaseyi buz ve suyla doldurun.

ç) Kalan sütü, kremayı, şekeri ve mısır şurubunu 4 litrelik bir tencerede birleştirin, orta-yüksek ateşte kaynatın ve 4 dakika kaynatın.

d) Ateşten alın ve yaklaşık 2 bardak sıcak süt karışımını, her seferinde bir kepçe olacak şekilde yumurta sarısı karışımına yavaş yavaş ekleyin ve her eklemeden sonra iyice karıştırın.

e) Karışımı tekrar tencereye dökün ve orta ateşte, ısıya dayanıklı bir spatula ile sürekli karıştırarak, kaynayıncaya kadar ısıtın. Gerekirse ocaktan alıp süzgeçten geçirin .

f) Soğutun Sıcak süt karışımını yavaş yavaş krem peynir karışımına pürüzsüz hale gelinceye kadar çırpın. Karışımı 1 galonluk Ziplock dondurucu poşetine dökün ve kapalı poşeti buz banyosuna batırın. Gerektikçe daha fazla buz ekleyerek soğuyuncaya kadar yaklaşık 30 dakika bekletin.

g) Dondur Donmuş kutuyu dondurucudan çıkarın, dondurma makinenizi monte edin ve çalıştırın. Muhallebi tabanını kutuya dökün, portakal çiçeği esansiyel yağını üstüne bırakın ve kalın ve kremsi olana kadar döndürün.

ğ) Muhallebiyi bir saklama kabına koyun ve üzerine kızarmış badem ve amarettiyi ekleyin. Bir parşömen tabakasını doğrudan yüzeye bastırın ve hava geçirmez bir kapakla kapatın. Dondurucunuzun en soğuk kısmında en az 4 saat sertleşinceye kadar dondurun.

h) Servis yaparken, kullanıyorsanız kirazlarla süsleyin.

26. Karamelli Krema sans Lait

Yaklaşık 1 litre yapar

İçindekiler:

- $2\frac{3}{4}$ su bardağı badem sütü
- 2 yemek kaşığı tapyoka nişastası
- ⅓bardak çiğ kaju fıstığı
- 2 ons (4 yemek kaşığı) vegan krem peynir
- $1\frac{1}{4}$ bardak rafine hindistan cevizi yağı, oda sıcaklığında
- $\frac{1}{2}$ çay kaşığı ince deniz tuzu
- ⅓bardak hafif mısır şurubu
- ⅔su bardağı şeker
- 1 vanilya çekirdeği, bölünmüş, tohumları kazınmış, tohumlar ve çekirdekler ayrılmış

Talimatlar:

a) Pürüzsüz bir bulamaç elde etmek için yaklaşık 2 yemek kaşığı badem sütünü tapyoka nişastasıyla küçük bir kapta karıştırın . Çiğ kaju fıstığı kullanıyorsanız, bunları bir mutfak robotunda veya havan ve havan tokmağıyla çok ince bir macun haline gelinceye kadar toz haline getirin.

b) Krem peyniri (varsa) hindistancevizi yağı, kaju ezmesi ve tuzu bir kasede pürüzsüz ve kremsi bir kıvama gelinceye kadar çırpın.

c) Mısır şurubunu bir kasede kalan badem sütüne dökün.

ç) Büyük bir kaseyi buz ve suyla doldurun.

d) Şekeri 4 litrelik bir tencerede orta ateşte eriyene ve altın sarısı rengine gelinceye kadar ısıtın .

e) Ateşten alın ve sürekli karıştırarak karamele yavaşça biraz badem sütü karışımı ekleyin: köpürür, patlar ve fışkırır.

f) İyice birleşene kadar karıştırın, ardından biraz daha badem sütü ekleyin ve karıştırın. Tamamı karışana kadar sütü azar azar eklemeye devam edin.

g) Tapyoka nişastası bulamacını, vanilya tohumlarını ve fasulyeyi yavaşça çırpın.

Tavayı tekrar ateşe verin, orta-yüksek ateşte kaynatın ve ısıya dayanıklı bir spatula ile karıştırarak 20 ila 30 saniye, karışım hafifçe koyulaşana kadar pişirin.

ğ) Isıdan çıkarın. Karamel parçacıkları kalırsa karışımı bir elek ile süzün.

h) Soğutun Sıcak süt karışımını yavaş yavaş krem peynir karışımına ekleyin ve iyice birleşene kadar karıştırın.

ı) Karışımı 1 galonluk Ziplock dondurucu poşetine dökün ve kapalı poşeti buz banyosuna batırın. Gerektikçe daha fazla buz ekleyerek soğuyuncaya kadar yaklaşık 30 dakika bekletin.

i) Dondur Donmuş kutuyu dondurucudan çıkarın, dondurma makinenizi monte edin ve çalıştırın. Krem bazını kutuya dökün ve kalın ve kremsi olana kadar döndürün.

j) Vanilya çubuğunu çıkarın ve atın. Kremayı saklama kabına koyun.

k) Bir parşömen tabakasını doğrudan yüzeye bastırın ve hava geçirmez bir kapakla kapatın.

I) Dondurucunuzun en soğuk kısmında en az 4 saat sertleşinceye kadar dondurun.

DONDURULMUŞ YOĞURT

27. Taze Zencefil Dondurulmuş Yoğurt

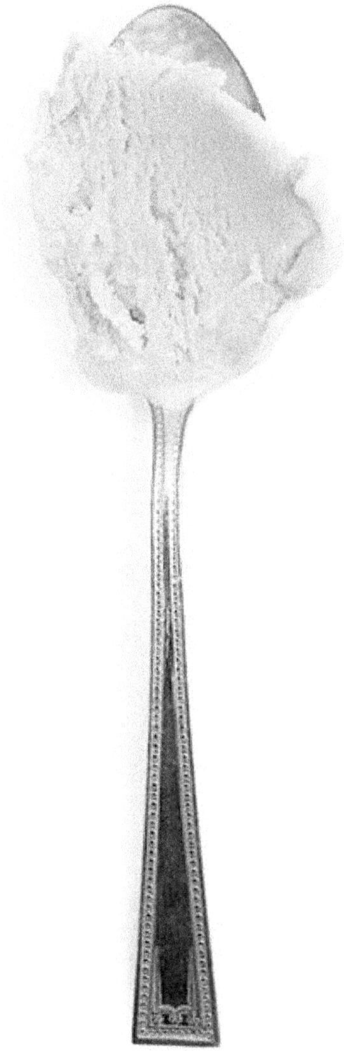

Yaklaşık 1 litre yapar

İçindekiler:

Dondurulmuş Yoğurt Tabanı

- 1 litre sade az yağlı yoğurt
- $1\frac{1}{2}$ bardak tam yağlı süt
- 2 yemek kaşığı mısır nişastası
- 2 ons (4 yemek kaşığı) krem peynir, yumuşatılmış
- $\frac{1}{2}$ çay kaşığı pancar tozu (renk için; Kaynaklara bakın ; isteğe bağlı)
- $\frac{1}{8}$ çay kaşığı zerdeçal (renk için; isteğe bağlı)
- $\frac{1}{2}$ bardak ağır krema
- ⅔su bardağı şeker
- $\frac{1}{4}$ bardak hafif mısır şurubu

Zencefil Şurubu

- $\frac{1}{2}$ su bardağı taze limon suyu (2 ila 3 limon arası)
- 3 yemek kaşığı şeker

- 2 ons taze zencefil (yaklaşık 4 inç uzunluğunda bir parça), soyulmuş ve $\frac{1}{8}$ inçlik madeni paralar halinde dilimlenmiş
- $\frac{1}{2}$ çay kaşığı toz zencefil

Talimatlar:

Süzme yoğurt için

a) Bir kasenin üzerine bir süzgeç yerleştirin ve iki kat tülbent ile kaplayın. Yoğurdu eleğe dökün, üzerini streç filmle örtün ve süzülmesi için 6 ila 8 saat buzdolabında saklayın. Sıvıyı atın ve $1\frac{1}{4}$ bardak süzme yoğurdu ölçün; bir kenara koyun.

Zencefil şurubu için

b) Limon suyunu küçük bir tencerede şekerle birleştirin ve orta-yüksek ateşte, şekeri eritene kadar karıştırarak kaynatın. Ocaktan alıp dilimlenmiş zencefili ve toz zencefili ekleyip soğumaya bırakın. Dilimlenmiş zencefili süzün ve şurubu bir kenara koyun.

Dondurulmuş yoğurt tabanı için

c) Pürüzsüz bir bulamaç elde etmek için yaklaşık 2 yemek kaşığı sütü küçük bir kasede mısır nişastasıyla karıştırın.

ç) Krem peyniri, pancar tozunu ve kullanıyorsanız zerdeçalı orta boy bir kapta pürüzsüz hale gelinceye kadar çırpın.

d) Büyük bir kaseyi buz ve suyla doldurun.

e) Kalan sütü, kremayı, şekeri ve mısır şurubunu 4 litrelik bir tencerede birleştirin, orta-yüksek ateşte kaynatın ve 4 dakika kaynatın. Ateşten alın ve mısır nişastası bulamacını yavaş yavaş çırpın. Karışımı orta-yüksek ateşte tekrar kaynatın ve ısıya dayanıklı bir spatula ile karıştırarak, hafifçe koyulaşana kadar yaklaşık 1 dakika pişirin. Isıdan çıkarın.

f) Soğutun Sıcak süt karışımını yavaş yavaş krem peynirin içine pürüzsüz hale gelinceye kadar çırpın. $1\frac{1}{4}$ bardak yoğurdu ve zencefil şurubunu ekleyin. Karışımı 1 galonluk Ziplock dondurucu poşetine dökün ve kapalı poşeti buz banyosuna batırın. Gerektikçe daha fazla buz ekleyerek soğuyuncaya kadar yaklaşık 30 dakika bekletin .

g) Dondur Donmuş kutuyu dondurucudan çıkarın, dondurma makinenizi monte edin ve çalıştırın. Dondurulmuş yoğurt tabanını dondurulmuş kutuya dökün ve kalın ve kremsi bir kıvama gelinceye kadar çevirin.

ğ) Dondurulmuş yoğurdu saklama kabına koyun. Bir parşömen tabakasını doğrudan yüzeye bastırın ve hava geçirmez bir kapakla kapatın. Dondurucunuzun en soğuk kısmında en az 4 saat sertleşinceye kadar dondurun.

28. Taze Şeftali Dondurulmuş Yoğurt

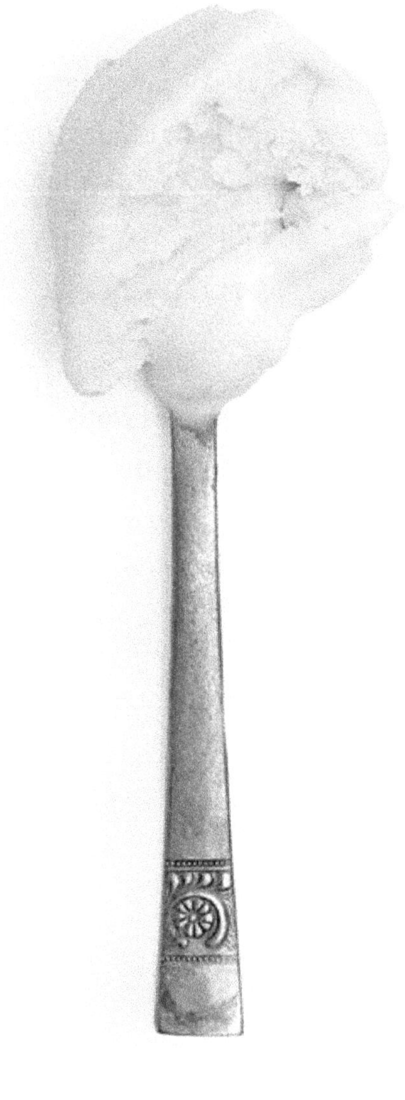

Yaklaşık 1 litre yapar

İçindekiler:

Dondurulmuş Yoğurt Tabanı

- 1 litre sade az yağlı yoğurt
- ⅔bardak ayran (veya ilave tam yağlı süt)
- 1 bardak tam yağlı süt
- 2 yemek kaşığı mısır nişastası
- 2 ons (4 yemek kaşığı) krem peynir, yumuşatılmış
- $\frac{1}{4}$ çay kaşığı ince deniz tuzu
- $\frac{1}{2}$ bardak ağır krema
- ⅔su bardağı şeker
- $\frac{1}{4}$ bardak hafif mısır şurubu

Şeftali Püresi

- 2 ila 3 olgun altın şeftali, soyulmuş, çekirdekleri çıkarılmış ve kaba parçalar halinde kesilmiş
- ⅓su bardağı şeker

- $\frac{1}{4}$ bardak taze limon suyu (yaklaşık 2 limondan)

Talimatlar:

Süzme yoğurt için

a) Bir kasenin üzerine bir süzgeç yerleştirin ve iki kat tülbent ile kaplayın. Yoğurdu eleğe dökün, üzerini streç filmle örtün ve süzülmesi için 6 ila 8 saat buzdolabında saklayın. Sıvıyı atın ve $1\frac{1}{4}$ bardak süzme yoğurdu ölçün. Ayranını ekleyin ve bir kenara koyun.

Dondurulmuş yoğurt için

b) Pürüzsüz bir bulamaç elde etmek için yaklaşık 2 yemek kaşığı sütü küçük bir kasede mısır nişastasıyla karıştırın.

c) Krem peyniri ve tuzu orta boy bir kapta pürüzsüz hale gelinceye kadar çırpın.

ç) Büyük bir kaseyi buz ve suyla doldurun.

Şeftali püresi için

d) Şeftalileri mutfak robotunda püre haline getirin. Pürenin ⅔fincanını küçük bir kaseye aktarın. Geri kalanını başka bir kullanım için ayırın.

e) Şekeri ve limon suyunu orta boy bir tencerede birleştirin ve orta-yüksek ateşte, şeker eriyene kadar karıştırarak kaynatın. Şeftali püresini ekleyip soğumaya bırakın.

f) Kalan sütü, kremayı, şekeri ve mısır şurubunu 4 litrelik bir tencerede birleştirin, orta-yüksek ateşte kaynatın ve 4 dakika kaynatın. Ateşten alın ve mısır nişastası bulamacını yavaş yavaş çırpın. Karışımı orta-yüksek ateşte tekrar kaynatın ve ısıya dayanıklı bir spatula ile karıştırarak, hafifçe koyulaşana kadar yaklaşık 1 dakika pişirin. Isıdan çıkarın.

g) Soğutun Sıcak süt karışımını yavaş yavaş krem peynirin içine pürüzsüz hale gelinceye kadar çırpın. Ayrılmış $1\frac{1}{4}$ bardak yoğurdu ve şeftali püresini ekleyin. Karışımı 1 galonluk Ziplock dondurucu poşetine dökün ve kapalı poşeti buz banyosuna batırın. Gerektikçe daha fazla buz ekleyerek soğuyuncaya kadar yaklaşık 30 dakika bekletin.

ğ) Dondur Donmuş kutuyu dondurucudan çıkarın, dondurma makinenizi monte edin ve çalıştırın. Dondurulmuş yoğurt tabanını dondurulmuş kutuya dökün ve kalın ve kremsi bir kıvama gelinceye kadar çevirin.

h) Dondurulmuş yoğurdu saklama kabına koyun. Bir parşömen tabakasını doğrudan yüzeye bastırın ve hava geçirmez bir kapakla kapatın. Dondurucunuzun en soğuk kısmında en az 4 saat sertleşinceye kadar dondurun.

29. İzlanda Kek Dondurulmuş Yoğurt

Yaklaşık 1 litre yapar

İçindekiler:

- $1\frac{1}{2}$ bardak tam yağlı süt
- 2 yemek kaşığı mısır nişastası
- $1\frac{1}{4}$ bardak skyr
- 2 ons (4 yemek kaşığı) krem peynir, yumuşatılmış
- $\frac{1}{2}$ bardak ağır krema
- ⅔su bardağı şeker
- $\frac{1}{4}$ bardak hafif mısır şurubu
- $\frac{1}{2}$ bardak ufalanmış Lady Cake , dondurulmuş
- $\frac{1}{2}$ bardak Streusel , yulafla yapılmış ve 20 dakika daha pişirilmiş
- ⅔bardak Haşlanmış Ravent Sosu

Talimatlar:

a) Pürüzsüz bir bulamaç elde etmek için yaklaşık 2 yemek kaşığı sütü küçük bir kasede mısır nişastasıyla karıştırın .

b) Skyr ve krem peynirini orta boy bir kapta pürüzsüz hale gelinceye kadar çırpın.

c) Büyük bir kaseyi buz ve suyla doldurun.

ç) Kalan sütü, kremayı, şekeri ve mısır şurubunu 4 litrelik bir tencerede birleştirin, orta-yüksek ateşte kaynatın ve 4 dakika kaynatın.

d) Ateşten alın ve mısır nişastası bulamacını yavaş yavaş çırpın. Karışımı orta-yüksek ateşte tekrar kaynatın ve ısıya dayanıklı bir spatula ile karıştırarak, hafifçe koyulaşana kadar yaklaşık 1 dakika pişirin. Isıdan çıkarın.

e) Soğutun Sıcak süt karışımını yavaş yavaş krem peynirin içine pürüzsüz hale gelinceye kadar çırpın. Karışımı 1 galonluk Ziplock dondurucu poşetine dökün ve kapalı poşeti buz banyosuna batırın. Gerektikçe daha fazla buz ekleyerek soğuyuncaya kadar yaklaşık 30 dakika bekletin.

f) Dondur Donmuş kutuyu dondurucudan çıkarın, dondurma makinenizi monte edin ve çalıştırın. Yoğurt bazını kutuya dökün ve kalın ve kremsi hale gelinceye kadar çevirin.

g) Hızlı bir şekilde çalışarak, donmuş yoğurdu bir saklama kabına, dönüşümlü olarak donmuş yoğurt, kek, streusel ve ravent sos katmanlarına paketleyin. Bir parşömen tabakasını doğrudan yüzeye bastırın ve hava geçirmez bir kapakla kapatın.

ğ) Dondurucunuzun en soğuk kısmında en az 4 saat sertleşinceye kadar dondurun.

ŞORBE

30. Bellini Şerbeti

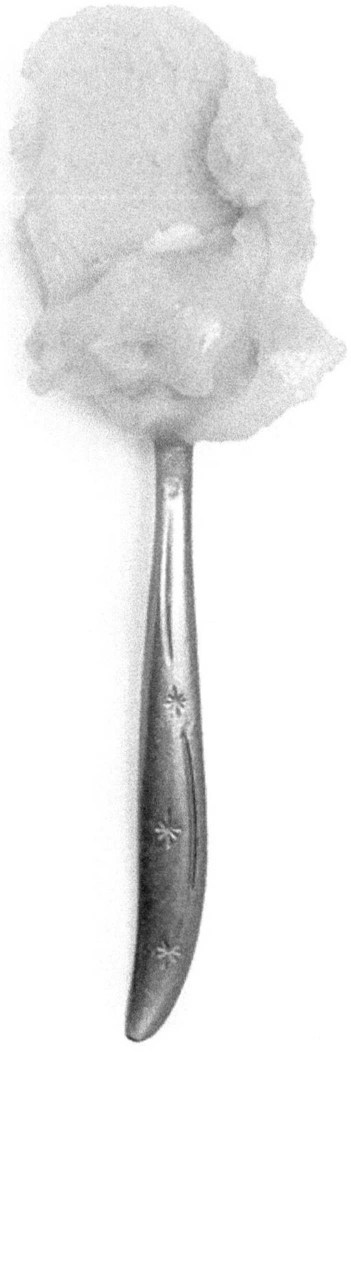

Yaklaşık 1 litre yapar

İçindekiler:

- 4 olgun şeftali (yaklaşık 1$\frac{3}{4}$ pound), soyulmuş, çekirdekleri çıkarılmış ve bir mutfak robotunda püre haline getirilmiş
- ⅔su bardağı şeker
- $\frac{1}{4}$ bardak hafif mısır şurubu
- ⅔bardak beyaz bordo
- 3 yemek kaşığı taze limon suyu

Talimatlar:

a) Püre haline getirilmiş şeftalileri, şekeri, mısır şurubunu, şarabı ve limon suyunu orta boy bir tencerede birleştirin ve şeker eriyene kadar karıştırarak kaynatın. Orta boy bir kaseye aktarın ve soğumaya bırakın.

b) Soğutun Şerbet tabanını buzdolabına koyun ve en az 2 saat soğutun.

c) Dondur Donmuş kutuyu dondurucudan çıkarın, dondurma makinenizi monte edin ve çalıştırın. Şerbet tabanını kutuya dökün ve çok yumuşak çırpılmış krema kıvamına gelinceye kadar çevirin.

ç) Şerbeti bir saklama kabına paketleyin. Bir parşömen tabakasını doğrudan yüzeye bastırın ve hava geçirmez bir kapakla kapatın. Dondurucunuzun en soğuk kısmında en az 4 saat sertleşinceye kadar dondurun.

31. Greyfurt Şerbeti

Yaklaşık 1 litre yapar

İçindekiler:

- 4 üzüm meyvesi
- 3 yemek kaşığı taze limon suyu
- ½ bardak hafif mısır şurubu
- ⅔su bardağı şeker
- İsteğe bağlı aromatikler: Birkaç dal tarhun, fesleğen veya lavanta; veya ½ yarım vanilya çekirdeği bölünmüş, çekirdekleri çıkarılmış
- ¼ bardak votka

Talimatlar:

a) Hazırlanışı Bir soyucuyla 1 greyfurtun 3 kabuğunu çıkarın. Bütün greyfurtları ikiye bölün ve 3 bardak suyunu sıkın.

b) Greyfurt suyu, kabuğu rendesi, limon suyu, mısır şurubu ve şekeri 4 litrelik bir tencerede birleştirin ve şekeri çözmek için karıştırarak kaynatın. Orta boy bir kaseye aktarın, kullanıyorsanız aromatikleri ekleyin ve soğumaya bırakın.

c) Soğutma Greyfurt kabuğunu çıkarın. Şerbet tabanını buzdolabına koyun ve en az 2 saat soğutun.

ç) Dondurun Şerbet bazını buzdolabından çıkarın ve aromatik maddeleri süzün. Votkayı ekleyin. Dondurulmuş kutuyu dondurucudan çıkarın, dondurma makinenizi monte edin ve açın. Şerbet tabanını kutuya dökün ve çok yumuşak çırpılmış krema kıvamına gelinceye kadar çevirin.

d) Şerbeti bir saklama kabına paketleyin. Bir parşömen tabakasını doğrudan yüzeye bastırın ve hava geçirmez bir kapakla kapatın. Dondurucunuzun en soğuk kısmında en az 4 saat sertleşinceye kadar dondurun.

32. Erik Sake Şerbeti

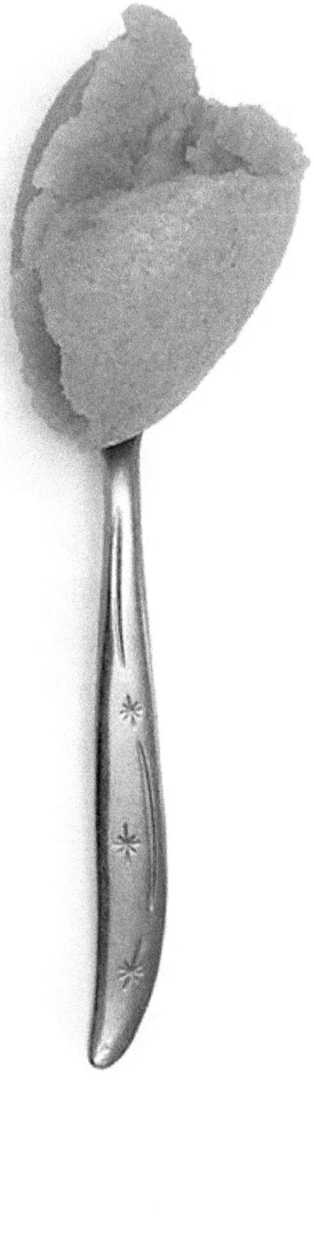

Yaklaşık 1 litre yapar

İçindekiler:

- 2 pound olgun siyah erik (yaklaşık 7), çekirdekleri çıkarılmış fakat soyulmamış
- ⅔su bardağı şeker
- $\frac{1}{2}$ bardak hafif mısır şurubu
- 1 bardak erik sake
- 2 yemek kaşığı taze limon suyu

Talimatlar:

a) Hazırlanışı Erikleri mutfak robotunda pürüzsüz hale gelinceye kadar püre haline getirin. Orta boy bir kaseye aktarın.

b) Şekeri ve mısır şurubunu 4 litrelik bir tencerede birleştirin ve şekeri çözmek için karıştırarak kaynatın. Sıcak şeker şurubunu püre haline getirilmiş eriklerin içine çırpın.

c) Soğutun Erik karışımını buzdolabına koyun ve en az 2 saat soğutun.

ç) Erik karışımını bir kasenin üzerine yerleştirilmiş süzgeçten geçirin, ardından sake ve limon suyunu ekleyin.

d) Dondur Donmuş kutuyu dondurucudan çıkarın, dondurma makinenizi monte edin ve çalıştırın. Şerbet tabanını kutuya dökün ve çok yumuşak çırpılmış krema kıvamına gelinceye kadar çevirin.

e) Şerbeti bir saklama kabına paketleyin. Bir parşömen tabakasını doğrudan yüzeye bastırın ve hava geçirmez bir kapakla kapatın.

f) Dondurucunuzun en soğuk kısmında en az 4 saat sertleşinceye kadar dondurun.

33. Kırmızı Ahududu Şerbeti

Yaklaşık 1 litre yapar

İçindekiler:

- 5 pint ahududu
- 1⅓su bardağı şeker
- 1 bardak mısır şurubu
- ½ bardak votka

Talimatlar:

a) Ahududuları mutfak robotunda pürüzsüz hale gelinceye kadar püre haline getirin. Tohumları çıkarmak için bir elek boyunca bastırın.

b) Ahududu püresini, şekeri ve mısır şurubunu 4 litrelik bir tencerede birleştirin ve orta-yüksek ateşte, şekeri eritene kadar karıştırarak kaynatın. Ateşten alın, orta boy bir kaba aktarın ve soğumaya bırakın.

c) Soğutun Şerbet tabanını buzdolabına koyun ve en az 2 saat soğutun.

ç) Dondurma Şerbet bazını buzdolabından çıkarın ve votkayı ekleyin. Dondurulmuş kutuyu dondurucudan çıkarın, dondurma makinenizi monte edin ve açın. Şerbet tabanını kutuya dökün ve çok yumuşak çırpılmış krema kıvamına gelinceye kadar çevirin.

d) Şerbeti bir saklama kabına paketleyin. Bir parşömen tabakasını doğrudan yüzeye bastırın ve hava geçirmez bir kapakla kapatın.

e) Dondurucunuzun en soğuk kısmında en az 4 saat sertleşinceye kadar dondurun.

34. Sert Çekirdekli Meyve Şerbeti

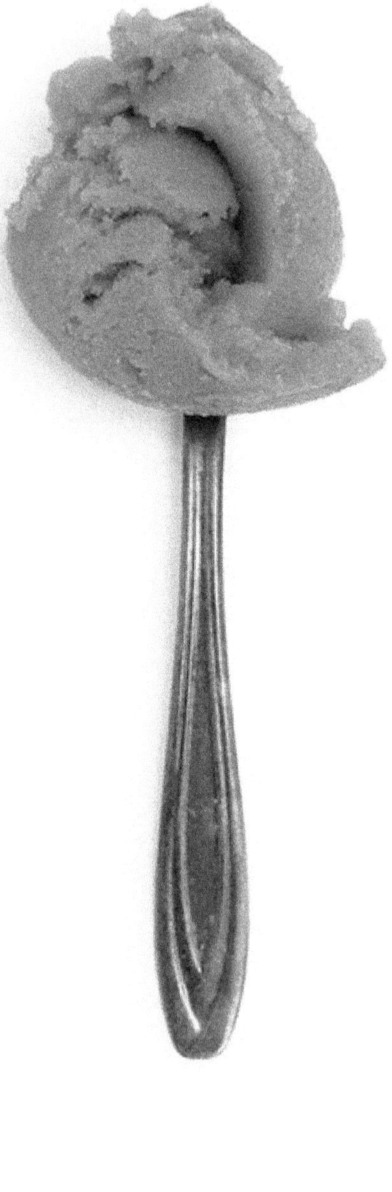

Yaklaşık 1 litre yapar

İçindekiler:

- 2 pound sert çekirdekli meyveler (1 orta boy soyulmuş şeftali, 2 büyük erik, 4 kayısı ve 16 koyu kırmızı kiraz gibi), çekirdekleri çıkarılmış
- ⅔su bardağı şeker
- ⅓bardak hafif mısır şurubu
- $\frac{1}{4}$ fincan taş meyveli votka

Talimatlar:

a) Hazırlanışı Meyveleri mutfak robotunda pürüzsüz hale gelinceye kadar püre haline getirin.

b) Püre haline getirilmiş meyveyi, şekeri ve mısır şurubunu 4 litrelik bir tencerede birleştirin ve şekeri çözmek için karıştırarak kaynamaya getirin. Ateşten alın, orta boy bir kaba aktarın ve soğumaya bırakın.

c) Soğutun Karışımı bir süzgeçten geçirerek başka bir kaba süzün. Buzdolabına koyun ve en az 2 saat soğutun.

ç) Dondurma Şerbet bazını buzdolabından çıkarın ve votkayı ekleyip karıştırın. Dondurulmuş kutuyu dondurucudan çıkarın, dondurma makinenizi monte edin ve açın. Şerbet tabanını kutuya dökün ve çok yumuşak çırpılmış krema kıvamına gelinceye kadar çevirin.

d) Şerbeti bir saklama kabına paketleyin. Bir parşömen tabakasını doğrudan yüzeye bastırın ve hava geçirmez bir kapakla kapatın. Dondurucunuzun en soğuk kısmında en az 4 saat sertleşinceye kadar dondurun.

35. Buğday çimi & Vinho Verde Şerbeti

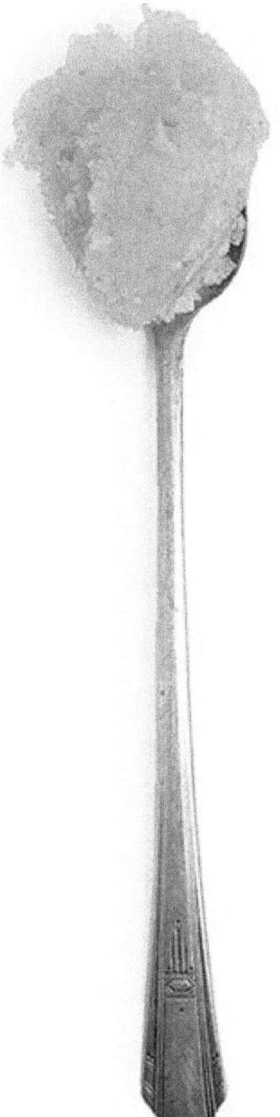

Yaklaşık 1 litre yapar

İçindekiler:

- 2 olgun armut, yarıya bölünmüş, çekirdeği çıkarılmış ve doğranmış
- 2 Granny Smith elması, soyulmuş, yarıya bölünmüş, çekirdeği çıkarılmış ve doğranmış
- $\frac{1}{2}$ su bardağı buğday çimi suyu
- $\frac{1}{2}$ bardak vinho verde
- $\frac{1}{4}$ bardak hafif mısır şurubu
- 1 su bardağı şeker
- 1 yemek kaşığı taze limon suyu
- $\frac{1}{4}$ çay kaşığı zerdeçal

Talimatlar:

a) Armut ve elmaları mutfak robotunda pürüzsüz hale gelinceye kadar püre haline getirin. Püreyi, buğday çimi suyunu ve vinho verde'yi orta boy bir kapta birleştirin.

b) Mısır şurubunu, şekeri, limon suyunu ve kullanılıyorsa zerdeçalı orta boy bir tencerede birleştirin ve şekeri çözmek için karıştırarak kaynatın. Ateşten alıp armut ve elma püresini ekleyerek iyice birleşene kadar karıştırın. Orta boy bir kaseye aktarın ve soğumaya bırakın.

c) Soğutun Şerbet tabanını buzdolabına koyun ve en az 2 saat soğutun.

ç) Dondur Donmuş kutuyu dondurucudan çıkarın, dondurma makinenizi monte edin ve çalıştırın. Şerbet tabanını kutuya dökün ve çok yumuşak çırpılmış krema kıvamına gelinceye kadar çevirin.

d) Şerbeti bir saklama kabına paketleyin. Bir parşömen tabakasını doğrudan yüzeye bastırın ve hava geçirmez bir kapakla kapatın. Dondurucunuzun en soğuk kısmında en az 4 saat sertleşinceye kadar dondurun.

FIRINDA DONDURMA TATLILARI

36. Çikolatalı kek

8 ila 10 porsiyon yapar

İçindekiler:

- $1\frac{1}{4}$ su bardağı ağartılmamış çok amaçlı un veya glutensiz un
- $1\frac{1}{4}$ su bardağı şeker
- $\frac{1}{2}$ çay kaşığı karbonat
- $\frac{1}{2}$ çay kaşığı ince deniz tuzu
- $4\frac{1}{2}$ ons şekersiz çikolata (%99 kakao), ince doğranmış
- $\frac{1}{4}$ bardak şekersiz kakao tozu
- 1 fincan sıcak kahve
- ⅔bardak ekşi krema
- 1 büyük yumurta, dövülmüş
- 2 çay kaşığı vanilya özü
- Servis için Çikolata Sır
- Toz almak için kakao tozu
- Servis için dilediğiniz dondurma

Talimatlar:

a) Fırının ortasına bir raf yerleştirin ve fırını önceden 325°F'ye ısıtın. 9 inçlik yuvarlak kek tepsisini yağlayın. Altına bir yuvarlak parşömen yerleştirin ve yağlayın, ardından tavayı unla tozlayın ve fazlalığı silkeleyin.

b) Unu, şekeri, kabartma tozunu ve tuzu geniş bir kapta birlikte çırpın.

c) Çikolata ve kakaoyu birleştirin. Sıcak kahveyi karışımın üzerine dökün ve pürüzsüz hale gelinceye kadar çırpın. Ekşi krema, yumurta ve vanilyayı çırpın. Ekşi krema karışımını, birleşene kadar un karışımına karıştırın.

ç) Karışımı kek kalıbına dökün ve kaşığın arkasıyla üzerini düzeltin. Ortasına batırdığınız kürdan üzerine yapışan birkaç nemli kırıntı çıkana kadar 40 ila 45 dakika pişirin. Bir raf üzerindeki tavada tamamen soğumaya bırakın.

d) Pastayı ters çevirin ve parşömeni çıkarın. Bu pastanın ihtiyacı olan tek şey pudra şekeri tozu. Ya da fotoğraftaki gibi üzerine bir kat Çikolata Sırı serpiştirip üzerine kakao tozu serpip bir kaşık dondurmayla servis etmeyi deneyebilirsiniz .

37. Bayan Pastası

8 ila 12 porsiyon yapar

İçindekiler:

- 1 su bardağı kek unu (kendi kendine kabarmayan), buğday hamur işi unu, mısır nişastası veya glutensiz un
- $\frac{1}{4}$ çay kaşığı karbonat
- $\frac{1}{2}$ çay kaşığı kabartma tozu
- $\frac{3}{4}$ çay kaşığı ince deniz tuzu
- 6 yemek kaşığı ($\frac{3}{4}$ çubuk) tuzsuz tereyağı, yumuşatılmış
- $\frac{3}{4}$ bardak şeker
- 2 büyük yumurta, oda sıcaklığında
- 1 çay kaşığı vanilya özü
- $\frac{3}{4}$ bardak ekşi krema veya ayran

Talimatlar:

a) Fırını önceden 325°F'ye ısıtın. 9 inçlik yuvarlak kek kalıbının tabanını yağlayın. Bir yuvarlak parşömen ile hizalayın ve kağıdı yağlayın. Un serpin ve fazlalığı silkeleyin.

b) Un, kabartma tozu, kabartma tozu ve tuzu iki kez birlikte eleyin. Bir kenara koyun. Tereyağı ve şekeri orta boy bir kasede birleştirin ve elektrikli karıştırıcıyla yüksek hızda koyulaşıncaya ve rengi açılana kadar yaklaşık 4 dakika çırpın, gerektiğinde kasenin kenarlarını kazıyın. 1 yumurtayı ekleyip iyice karışana kadar çırpın. İkinci yumurtayı ve vanilyayı ekleyin ve iyice karışana kadar çırpın. Kasenin kenarlarını kazıyın ve hamuru pürüzsüz hale gelinceye kadar çırpın.

c) Un karışımının yaklaşık üçte birini ekleyin ve plastik bir spatula ile yavaşça karıştırın. Ekşi kremanın yaklaşık yarısını katlayın. Un karışımının üçte birini daha ekleyip katlayın, ardından kalan ekşi kremayı ekleyin ve son olarak unun geri kalanını ekleyin. Aşırı karıştırmayın.

ç) Hamuru hazırlanan tavaya dökün. Ortasına batırdığınız kürdan üzerine yapışan birkaç nemli kırıntı çıkana kadar 40 ila 50 dakika pişirin. Tavayı bir raf üzerinde 10 dakika soğutun, ardından pastayı bir rafa ters çevirin, parşömenleri çıkarın ve tamamen soğumaya bırakın.

38. Beze Kek

8 porsiyon yapar

İçindekiler:

- 4 büyük yumurta akı, oda sıcaklığında
- $\frac{1}{4}$ çay kaşığı tartar kreması
- 1 su bardağı şeker
- Seçtiğiniz 1 porsiyon dondurma tabanı (bir gün önceden hazırlanır ve gece boyunca soğutulur)

Talimatlar:

a) Rafları fırının üst ve alt üçte birlik kısmına yerleştirin ve fırını önceden 200°F'ye ısıtın. İki parşömen yaprağının her birine 8 inçlik bir daire çizin, kağıdı ters çevirin ve iki büyük fırın tepsisini parşömenle hizalayın.

b) Elektrikli bir karıştırıcı kullanarak, yumurta aklarını büyük bir kapta orta-düşük hızda sadece köpürene kadar yaklaşık 45 saniye çırpın.

c) Tartar kremasını ekleyin, hızı orta-yüksek seviyeye yükseltin ve yumurta aklarını beyaz ve kalın (tıraş kremi kıvamında) olana kadar yaklaşık 2 dakika çırpın.

ç) Yavaş yavaş şekeri serpin, karışana kadar çırpın, ardından beyazları sert tepeler oluşana kadar çırpın. (Çırpıcıyı ters çevirin: eğer tepeler sarkmıyorsa hazırdır.)

d) $\frac{1}{4}$ inçlik düz uçlu bir hamur torbası takın ve beze ile doldurun. Bezeyi, izlenen her daireye, merkezden başlayıp dışarı doğru ilerleyerek spiral şeklinde sıkın.

e) $1\frac{1}{2}$ saat veya bezelerin dış yüzeyleri pürüzsüz, kuru ve sert oluncaya kadar pişirin. Fırını kapatın ve bezelerin fırında birkaç saat soğumasını bekleyin.

f) Bezelerin arasına bir parça parşömen koyun, plastik ambalajla sarın ve gece boyunca dondurun.

g) Ertesi gün donmuş kutuyu dondurucudan çıkarın, dondurma makinenizi monte edin ve çalıştırın. Dondurma tabanını dondurucuya dökün ve kalın ve kremsi olana kadar döndürün.

ğ) Dondurma bittiğinde makineyi kapatın ve dondurmayı içinde bırakın.

h) Dondurucudan bir beze kabuğunu çıkarın ve parşömenle kaplı bir fırın tepsisine baş aşağı yerleştirin. Hızlı bir şekilde çalışarak, kaşıkla yaklaşık 2 inç dondurmayı beze üzerine, kenardan yaklaşık $\frac{1}{2}$ inç uzağa doğru yayın.

ı) İkinci bezeyi dondurucudan çıkarın ve hızlı bir şekilde sağ tarafı yukarı bakacak şekilde üstüne yerleştirin. Beze pastasını tekrar dondurucuya koyun ve en az 4 saat veya 1 güne kadar dondurun.

i) Kalan dondurmayı saklama kabına koyun. Bir parşömen tabakasını doğrudan yüzeye bastırın ve hava geçirmez bir kapakla kapatın. Başka bir zaman servis etmek üzere dondurucunuzun en soğuk kısmında en az 4 saat sertleşinceye kadar dondurun.

j) Servis yapmak için pastayı dondurucudan çıkarın, 8 parçaya bölün ve hemen servis yapın.

39. Moçi Kek

8 ila 10 porsiyon yapar

İçindekiler:

- 2 su bardağı tatlı pirinç unu
- $1\frac{1}{4}$ su bardağı şeker
- $1\frac{3}{4}$ çay kaşığı kabartma tozu
- Bir tutam toz tarçın
- $1\frac{1}{3}$bardak buharlaştırılmış süt
- $1\frac{1}{4}$ bardak şekersiz hindistan cevizi sütü
- 2 büyük yumurta, oda sıcaklığında
- $1\frac{1}{2}$ çay kaşığı vanilya özü
- $5\frac{1}{2}$ yemek kaşığı tuzsuz tereyağı, eritilmiş

Talimatlar:

a) Fırının ortasına bir raf yerleştirin ve fırını önceden 350°F'ye ısıtın. 9 x 5 inçlik bir somun tavasını yağlayın.

b) Pirinç unu, şeker, kabartma tozu ve tarçını geniş bir kaseye eleyin.

c) Buharlaştırılmış sütü, hindistancevizi sütünü, yumurtaları, vanilyayı ve tereyağını bir kaseye ekleyin ve birleştirmek için çırpın. Kuru malzemelerin ortasında küçük bir havuz oluşturun, sıvı malzemeleri ekleyin ve tamamen birleşene kadar karıştırın.

ç) Hamuru kek kalıbına dökün ve 35 dakika pişirin.

d) Kek kalıbını çevirin ve yaklaşık 35 dakika daha pişirin; kekin ortasına batırılan kürdan, üzerine birkaç nemli kırıntı yapışarak çıkana kadar.

e) Pastayı 10 dakika boyunca bir raf üzerinde tavada soğutun, ardından tamamen soğuması için bir rafa ters çevirin.

f) Mochi'yi 1 inçlik küpler halinde kesin. Geniş bir sote tavasında 1 yemek kaşığı tuzsuz tereyağını eritin. Küpleri ekleyin, alt kısmı altın rengi olana kadar bekletin ve ardından her iki tarafta da aynı işlemi tekrarlayın. Dondurma ve meyvelerin etrafına serperek servis yapın.

40. Zemin İrmikli Puding Kek

8 ila 10 porsiyon yapar

İçindekiler:

- 3 su bardağı ılık su
- $\frac{3}{4}$ bardak taş öğütülmüş irmik
- 1$\frac{1}{4}$ su bardağı ağartılmamış çok amaçlı un veya glutensiz un
- 1$\frac{1}{2}$ çay kaşığı kabartma tozu
- $\frac{1}{2}$ çay kaşığı ince deniz tuzu
- $\frac{1}{2}$ pound (2 çubuk) tuzsuz tereyağı, yumuşatılmış
- 1 su bardağı artı 2 yemek kaşığı şeker
- 4 büyük yumurta, oda sıcaklığında
- $\frac{1}{2}$ bardak ekşi krema veya ayran
- Servis için Ancho-Portakal Karamel Sos
- Servis için dilediğiniz dondurma

Talimatlar:

a) Suyu 2 litrelik bir tencerede kaynatın.

b) İrmikleri ekleyin, sürekli çırpın, sonra ara sıra karıştırarak yumuşayana kadar pişirin ve tavanın kenarlarından hafifçe çekerek 25 ila 30 dakika kadar pişirin. Ateşten alın ve oda sıcaklığına soğumaya bırakın.

c) Fırının ortasına bir raf yerleştirin ve fırını önceden 350°F'ye ısıtın. 9 x 13 inçlik bir pişirme kabını yağlayın.

ç) Unu, kabartma tozunu ve tuzu orta boy bir kapta birlikte çırpın.

d) Elektrikli bir karıştırıcı kullanarak tereyağını ve şekeri geniş bir kapta hafif ve kabarık olana kadar yaklaşık 2 dakika çırpın. Yumurtaları teker teker ekleyin ve her eklemeden sonra iyice çırpın.

e) Ekşi kremayı ve irmikleri çırpın, ardından un karışımını ekleyin ve karışana kadar çırpın. Hamuru hazırlanan tavaya eşit şekilde dağıtın.

f) Pastayı 35 ila 40 dakika, altın rengi olana ve ortasına batırılan bir kürdan üzerine yapışan birkaç nemli kırıntı çıkana kadar pişirin. Pastayı bir rafa aktarın ve tavada 5 dakika soğutun, ardından pastanın kenarlarını bir bıçakla gezdirerek gevşetin, bir rafa ters çevirin ve tamamen soğumaya bırakın.

g) Sağlıklı bir doz Ancho-Portakallı Karamel Sos ve bir veya iki kaşık dondurma ile servis yapın.

41. Yaprak Pasta

8 ila 10 porsiyon yapar

İçindekiler:

Hamur

- $3\frac{3}{4}$ bardak ağartılmamış çok amaçlı un
- $1\frac{1}{2}$ çay kaşığı ince deniz tuzu
- $\frac{3}{4}$ bardak soğuk sebze yağı
- 12 yemek kaşığı ($1\frac{1}{2}$ çubuk) tuzsuz tereyağı, parçalar halinde kesilmiş ve soğutulmuş veya sebze yağı
- $\frac{1}{2}$ bardak artı 1 yemek kaşığı buzlu su
- 1 büyük yumurta
- 1 çay kaşığı su

Meyve Doldurma

- 3 pound elma, erik, şeftali veya kiraz, dilimlenmiş, soyulmuş ve çekirdeği çıkarılmış; veya $\frac{1}{2}$ inçlik parçalar halinde dilimlenmiş ravent; veya bütün böğürtlen, ahududu veya yaban mersini
- $\frac{1}{2}$ çay kaşığı öğütülmüş tarçın, kakule veya hindistan cevizi

- 1 yemek kaşığı taze limon suyu
- $\frac{1}{2}$ bardak) şeker
- $\frac{1}{4}$ bardak çok amaçlı un

Talimatlar:

a) Hamuru hazırlamak için un ve tuzu geniş bir kapta harmanlayın. İki bıçak veya bir pasta kesici kullanarak, katı yağı ve tereyağını, karışım kaba un kıvamına gelinceye kadar kesin. Buzlu suyu ekleyip iyice karıştırın.

b) Hamuru bir top haline getirin ve yağların eşit şekilde dağılması için elinizin tabanını çalışma yüzeyinde birkaç saniye hafifçe yoğurun. Hamuru yarıya böl.

c) Her yarımı bir top haline getirin, bir disk şeklinde düzleştirin ve plastik ambalajla sarın. En az 1 saat buzdolabında bekletin.

ç) Bu arada dolguyu hazırlamak için meyveleri geniş bir kaseye koyun, kalan tüm malzemeleri ekleyin ve meyve eşit şekilde kaplanana kadar karıştırın.

d) Fırını önceden 350°F'ye ısıtın.

e) Hamur bir saat dinlendiğinde, çalışma yüzeyini hafifçe unlayın ve bir parça hamuru 12 x 16 inçlik bir dikdörtgen şeklinde açın.

f) Hamuru oklava üzerinde açın ve çeyrek tabakalı bir tavaya aktarın, tavada ortalayın ve hamuru kenarlara doğru bastırın.

g) Dolguyu tavaya dökün ve ince bir tabaka halinde yayın.

ğ) İkinci hamur parçasını çeyrek fırın tepsisi büyüklüğünde açın. Kurabiye kesiciyle birkaç delik açın, böylece buhar dışarı çıkabilsin veya hamuru çatalla birkaç kez delsin.

h) Doldurmanın üzerine yerleştirin. Alt kabuğun kenarlarını üst kabuğun üzerine katlayın. Yumurtayı 1 çay kaşığı suyla çırpıp yumurta yıkamasını yapın ve kabuğun üzerine fırçayla sürün.

ı) 45 dakika veya eşit şekilde kızarana ve kenarları ekstra altın rengine dönene kadar pişirin.

i) Hemen servis yapın veya bir rafta soğumaya bırakın ve sıcak veya oda sıcaklığında servis yapın.

42. Fransız Dondurmalı Tartlar

12 turta yapar

İçindekiler:

- 1 ölçü Şeker Hamuru (tarifi aşağıdadır)
- Tuzlu Vanilyalı Dondurulmuş Muhallebi gibi seçtiğiniz yaklaşık 1 litre dondurma
- $\frac{1}{2}$ bardak kayısı reçeli, mağazadan satın alınmış veya ev yapımı
- Seçtiğiniz 3 pint taze meyve, soğutulmuş
- Krem Şanti (isteğe bağlı)

Talimatlar:

a) Fırını önceden 350°F'ye ısıtın. 12 parşömen dairesini kesin ve on iki adet 4 inçlik tart tavasını sıralayın.

b) Hamuru yaklaşık yarım santim kalınlığında açın. On iki adet 5 inçlik tur kesin. Her bir turu tart kalıbına boşaltın. Bir çerez kağıdına yerleştirin.

c) Altın rengi olana kadar 20 dakika pişirin. Bir raf üzerinde tamamen soğumaya bırakın, tart kabuklarını kalıplardan çıkarın ve en az 30 dakika dondurun.

ç) Tart kabuklarını dondurucudan çıkarın, yarısına kadar taze yapılmış veya yumuşatılmış dondurmayla doldurun ve en az 1 saat dondurucuya geri koyun. Soğutulmuş meyveyi kayısı reçeli ile karıştırın.

d) Tart kabuklarını dondurucudan çıkarın ve üzerine sırlı meyve ve çırpılmış krema yığınları veya desenleri koyun. Sert.

43. Şeker Hamuru

12 el turtası veya Piekie için yeterli olur

İçindekiler:

- $1\frac{1}{2}$ su bardağı ağartılmamış çok amaçlı un
- ⅓su bardağı şeker
- 8 yemek kaşığı (1 çubuk) tuzsuz tereyağı, $\frac{1}{2}$ inçlik küpler halinde kesilmiş ve soğutulmuş
- 2 ons (4 yemek kaşığı) krem peynir
- 2 büyük yumurta sarısı, hafifçe dövülmüş
- 2 yemek kaşığı çok soğuk ağır krema

Talimatlar:

a) Unu, şekeri, tereyağını ve krem peyniri bir mutfak robotuna koyun ve karışım badem ununa benzeyene kadar çalıştırın.

b) Yumurta sarısını ve kremayı ekleyin ve nabız atın (veya eşit şekilde karışana kadar ellerinizle karıştırmaya devam edin).

c) Hamuru yarıya böl. Hamurun yarısını top haline gelinceye kadar yoğurun, ardından yaklaşık 2 inç kalınlığında düz bir diske bastırın. Aynısını ikinci yarıda da yapın.

ç) Hamurun her bir kısmını plastik ambalaja sarın ve kullanmadan önce en az 1 saat soğutun.

44. Pastalar

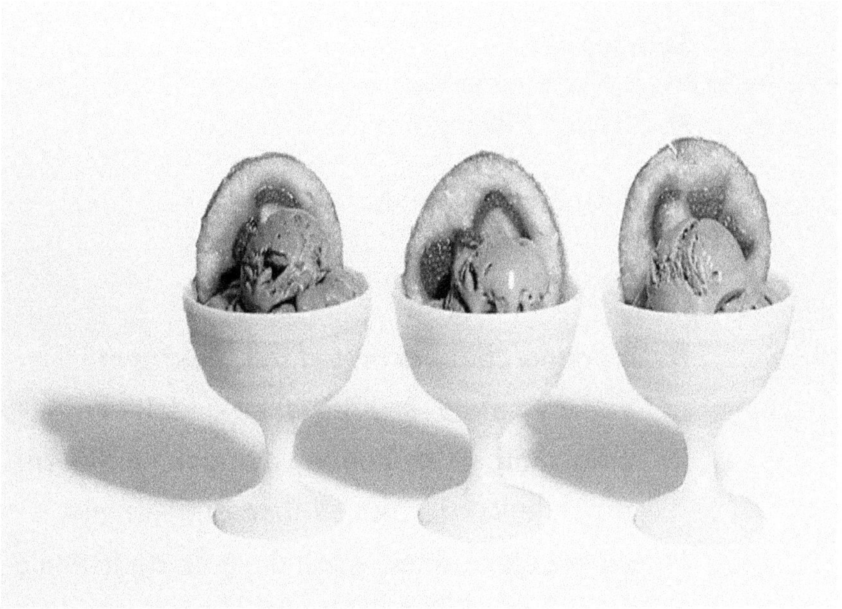

12 ila 24 Piekie yapar

İçindekiler:

- Şeker Hamuru
- 1 su bardağı şeker
- 1 yemek kaşığı mısır nişastası
- 1 pound çilek, erik, şeftali, nektarin ve/veya elma, soyulmuş, çekirdekleri çıkarılmış ve mandolin veya çok keskin bir bıçak kullanılarak çok ince dilimlenmiş veya çekirdekleri çıkarılmış ve doğranmış kiraz veya bunların kombinasyonu

Talimatlar:

a) Fırını önceden 350°F'ye ısıtın. İki fırın tepsisini yağlayın veya parşömen kağıdıyla hizalayın.

b) Hamuru yaklaşık yarım santim kalınlığında açın. Bisküvi veya kurabiye kalıbı kullanarak $2\frac{1}{2}$ ila 3 inçlik daireler halinde kesin ve fırın tepsilerine yerleştirin.

c) Şekeri ve mısır nişastasını küçük bir kasede karıştırın. Her bir meyve dilimini şeker karışımına batırıp kaplayacak şekilde cömertçe kaplayın.

ç) Hamur çemberinin ortasına bir dilim koyun, ardından çevresine ilave meyve dilimleri yerleştirin . Meyveleri gerektiği gibi üst üste getirin. Kalan tüm hamur ve meyvelerle aynı işlemi tekrarlayın.

d) Altın rengi olana kadar 25 dakika pişirin. Fırından çıkarın ve tavada 2 dakika soğumaya bırakın, ardından tel rafa aktarın ve tamamen soğumaya bırakın.

e) En sevdiğiniz dondurmanın yanında hemen servis yapın veya 3 güne kadar buzdolabında saklayın.

45. Elmalı Ravent Bette

9 porsiyon yapar

İçindekiler:

- 1 pound Honeycrisp veya Pink Lady elma, soyulmuş, çekirdeği çıkarılmış ve dilimlenmiş
- 1 pound ravent, kesilmiş ve $\frac{1}{4}$ inç dilimler halinde kesilmiş
- $\frac{1}{4}$ çay kaşığı öğütülmüş tarçın
- $\frac{1}{8}$ çay kaşığı öğütülmüş hindistan cevizi
- $\frac{1}{2}$ çay kaşığı ince deniz tuzu
- 2 yemek kaşığı taze limon suyu
- 1 su bardağı şeker
- 1 yemek kaşığı ağartılmamış çok amaçlı un
- 10 ons kruvasan veya börek (kabukları çıkarılmış), 1 inçlik zarlar halinde kesilmiş (yaklaşık $4\frac{1}{2}$ bardak)
- 12 yemek kaşığı ($1\frac{1}{2}$ çubuk) tuzsuz tereyağı, eritilmiş

Talimatlar:

a) Fırını önceden 375°F'ye ısıtın. 8 x 8 inçlik bir pişirme kabını yağlayın.

b) Elmaları ve raventi orta boy bir kapta birleştirin. Tarçın, hindistan cevizi, tuz, limon suyu, $\frac{3}{4}$ bardak şeker ve unu ekleyin ve şeker eriyene ve dilimlenen meyve tamamen kaplanana kadar karıştırın.

c) Ekmeği ve kalan $\frac{1}{4}$ bardak şekeri başka bir orta boy kapta birleştirin. Eritilmiş tereyağının $\frac{1}{2}$ fincanını ekmeğin üzerine dökün ve küpler çoğunlukla sağlam kalacak şekilde hafifçe fırlatıp kaplayın.

ç) Bette'i birleştirmek için meyvenin üçte ikisini pişirme kabının tabanına yayın. Ekmeğin üçte birini meyvelerin üzerine dağıtın. Kalan meyve ve ekmekle aynı işlemi tekrarlayın.

d) Kalan $\frac{1}{4}$ bardak tereyağını üstüne dökün ve alüminyum folyo ile örtün. 40 dakika pişirin. Folyoyu çıkarın ve kahverengileşinceye kadar 10 ila 15 dakika pişirmeye devam edin. Fırından çıktıktan sonra sıcak olarak servis yapın.

46. Yaban Mersinli Tart

9 porsiyon yapar

İçindekiler:

- $2\frac{1}{2}$ pound yaban mersini
- 1 su bardağı şeker
- $\frac{1}{4}$ çay kaşığı ince deniz tuzu
- 1 limonun suyu
- Tatlı Kremalı Kurabiye için hamurun $\frac{1}{2}$'si

Talimatlar:

a) 8 x 8 inçlik bir fırın tepsisini yağlayın.

b) Yaban mersinlerini orta boy bir kapta şeker, tuz ve limon suyuyla birleştirin ve kaplayın.

c) Hazırlanan tavaya ekleyin. Karışımı meyvelerin üzerine kaşıkla dökün ve 9 eşit bisküvi elde edin.

ç) Fırını önceden 375°F'ye ısıtın.

d) Bisküvilerin üst kısımları altın rengi oluncaya ve meyveler köpürene kadar ayakkabıcıyı 35 dakika pişirin.

e) Fırından çıkarın ve servis yapmadan önce biraz soğumasını bekleyin.

47. Armut ve Böğürtlen Çıtır

9 porsiyon yapar

İçindekiler:

Streusel

- $\frac{3}{4}$ bardak ağartılmamış çok amaçlı un
- $\frac{1}{4}$ fincan paketlenmiş koyu kahverengi şeker
- $\frac{1}{4}$ çay kaşığı öğütülmüş tarçın
- $\frac{1}{8}$ çay kaşığı öğütülmüş hindistan cevizi
- 5 yemek kaşığı tuzsuz tereyağı, doğranmış ve soğutulmuş
- $\frac{3}{4}$ bardak dilimlenmiş badem, rendelenmiş şekersiz hindistan cevizi gevreği veya yulaf

Meyve Doldurma

- 1 pound Comice veya Bartlett armut (yaklaşık 2 armut), soyulmuş, çekirdekleri çıkarılmış ve $\frac{1}{2}$ inç kalınlığında dilimler halinde kesilmiş
- 2 su bardağı böğürtlen
- $\frac{3}{4}$ bardak şeker

- 2 yemek kaşığı çok amaçlı un
- $\frac{1}{4}$ çay kaşığı öğütülmüş tarçın
- $\frac{1}{8}$ çay kaşığı rendelenmiş hindistan cevizi
- $\frac{1}{2}$ çay kaşığı ince deniz tuzu
- 2 yemek kaşığı tereyağı

Talimatlar:

a) Fırını önceden 325°F'ye ısıtın.

b) Streusel yapmak için un, şeker, tarçın ve hindistan cevizini küçük bir kasede karıştırın. Tereyağını ekleyin ve karışım kaba un kıvamına gelinceye kadar parmak uçlarınızla ovalayın.

c) Bademleri ekleyin ve küçük topaklar oluşana kadar karışımı parmak uçlarınızla ovalayın. Bir fırın tepsisine yayıldı.

ç) Streusel'i 20 dakika pişirin. Bir çatalla kabartın ve gerekirse altın rengi kahverengi olana kadar birkaç dakika daha pişirin.

d) Fırından çıkarın ve soğumaya bırakın. Fırın sıcaklığını 375°F'ye yükseltin.

e) 8 x 8 inçlik bir pişirme kabını yağlayın. Armutları, meyveleri, şekeri, unu, baharatları ve tuzu geniş bir kapta bir araya getirin.

f) Hazırlanan yemeğe aktarın. Tereyağıyla noktalayın. Streusel'i üst tarafa eşit şekilde dağıtın.

g) Meyve suları köpürene ve koyulaşana ve streusel koyu kahverengi olana kadar yaklaşık 45 dakika pişirin. Servis yapmadan önce hafifçe soğutun.

48. Bauer Evi Bisküvileri

Yaklaşık 13 bisküvi çıkıyor

İçindekiler:

- $\frac{1}{4}$ ons (1 paket) aktif kuru maya
- $\frac{1}{4}$ bardak ılık su (105° ila 115°F)
- 2 yemek kaşığı şeker
- $3\frac{1}{4}$ su bardağı kendiliğinden kabaran un, tercihen Beyaz Zambak ağartılmış
- 6 yemek kaşığı ($\frac{3}{4}$ çubuk) soğuk tuzsuz tereyağı, yemek kaşığı halinde kesilmiş
- 1 su bardağı ayran, oda sıcaklığında
- Bisküvilerin üstleri için 2 yemek kaşığı tuzlu tereyağı, yumuşatılmış

Talimatlar:

a) Mayayı, ılık suyu ve 1 çay kaşığı şekeri orta boy bir kapta birleştirin. Maya köpüklü görünene kadar yaklaşık 10 dakika bekletin.

b) Unu ve kalan 5 çay kaşığı şekeri geniş bir kapta karıştırın.

c) Karışım etli görünene kadar tereyağını kesmek için bir pasta kesici veya iki bıçak kullanın.

ç) Ayranı çözünmüş mayaya karıştırın. Bir çatal kullanarak un karışımını nemlendirilinceye ve tüylü bir hamur elde edene kadar karıştırın.

d) Gece boyunca veya 3 güne kadar örtün ve buzdolabında saklayın.

e) Hamuru buzdolabından çıkarın ve bir araya gelip yüzeyi pürüzsüz görünene kadar yaklaşık 8 tur kısaca yoğurun.

f) Çok hafif unlanmış bir yüzeyde, yaklaşık $\frac{3}{4}$ inç kalınlığında 7 x 11 inçlik bir dikdörtgen şeklinde açın ve oklavayı gerektiği kadar az miktarda unlayın. Fazla unu hamurdan fırçalayın ve bir kısa ucunu hamurun ortasına katlayın, ardından diğer ucunu hamur üçe katlanacak şekilde katlayın.

g) Hamuru kısa ucu kendinize bakacak şekilde bir tur çevirin ve yaklaşık $\frac{3}{4}$ inç kalınlığa kadar açın . Fazla unu fırçalayın ve hamuru tekrar üçe katlayın.

ğ) Hamuru bir kez daha çevirin ve yaklaşık $\frac{1}{2}$ inç kalınlığa kadar yavaşça açın; bitmiş dikdörtgen yaklaşık 7 inç x 11 inç olacaktır.

h) 2 inçlik yuvarlak bir kesiciyle 13 bisküviyi damgalayın. Kesicinin temiz bir şekilde kesmesi için hamurun hala çok soğuk olduğundan emin olun (gerekirse soğutun); Hamur çok yumuşaksa kesici kenarları kapatabilir ve bisküviler kabarmaz.

ı) Bisküvileri, yağlanmamış 9 inçlik yuvarlak kek kalıbına, dışarıda 10 ve ortada 3 olacak şekilde düzenleyin. Artıkları bir araya toplayın, yuvarlayın ve daha fazla bisküvi kesin.

i) Bunları kendinize veya küçüklerinize ikram etmek için daha küçük bir tencereye koyun; mükemmel görünmeyecekler ama yine de tadı güzel olacak.

j) Bisküvileri nemli, tüy bırakmayan bir havluyla örtün ve ılık bir yerde (yaklaşık 80°F), hacmi iki katına çıkana kadar, yaklaşık 2 saat mayalanmaya bırakın.

49. Tatlı Kremalı Kurabiye

9 ila 12 porsiyon yapar

İçindekiler:

- 3 su bardağı kendiliğinden kabaran un, tercihen Beyaz Zambak
- 4 yemek kaşığı soğuk tuzsuz tereyağı
- 2⅔bardak ağır krema

Talimatlar:

a) Fırını önceden 450°F'ye ısıtın. Çeyrek sayfalık bir tavayı yağlayın.

b) Unu ve soğuk tereyağını mutfak robotuna koyun ve 15 kez çalıştırın. Kremayı ekleyin ve hamur bir araya gelinceye kadar nabız atın.

c) Hamuru hafifçe unlanmış bir yüzeye açın ve birbirine bastırın.

ç) Hamuru ikiye katlayın, ardından topak topak olmayana kadar iki veya üç kez kendi üzerine katlayın. Hamuru tavaya yayın; kolayca yayılır, böylece ellerinizi kullanabilirsiniz.

d) 20 ila 25 dakika veya hafif altın rengi kahverengi olana kadar pişirin. Pastayı fırından çıkarın ve bir raf üzerinde soğutun.

50. Çikolatalı Trüf Kurabiyeleri

Yaklaşık 16 kurabiye çıkıyor

İçindekiler:

- 8 yemek kaşığı (1 çubuk) tuzsuz tereyağı
- 8 ons bitter çikolata (%64 kakao veya üzeri), iri kıyılmış
- $\frac{1}{2}$ bardak ağartılmamış çok amaçlı un veya glutensiz un
- 2 yemek kaşığı Hollanda'da işlenmiş kakao tozu (%99 kakao)
- $\frac{1}{4}$ çay kaşığı ince deniz tuzu
- $\frac{1}{4}$ çay kaşığı karbonat
- 2 büyük yumurta, oda sıcaklığında
- $\frac{1}{2}$ bardak) şeker
- 2 çay kaşığı vanilya özü
- 1 su bardağı bitter çikolata parçacıkları (%64 kakao veya üzeri)

Talimatlar:

a) Tereyağı ve bitter çikolatayı benmari usulü kısık ateşte ara sıra karıştırarak tamamen eriyene kadar eritin. Tamamen soğutun.

b) Unu, kakao tozunu, tuzu ve kabartma tozunu küçük bir kapta birleştirin. Bir kenara koyun.

c) Elektrikli bir karıştırıcı kullanarak yumurtaları ve şekeri büyük bir kapta yüksek hızda hafif ve kabarık olana kadar yaklaşık 2 dakika çırpın. Vanilyayı ekleyin, ardından eritilmiş çikolatayı ve tereyağını ekleyin ve birleşene kadar 1-2 dakika çırpın.

ç) Kasenin kenarlarını kazıyın ve büyük bir kauçuk spatula kullanarak kuru malzemeleri birleşene kadar karıştırın. Çikolata parçacıklarını katlayın. Plastik ambalajla örtün ve en az 4 saat buzdolabında saklayın.

d) Fırının ortasına bir raf yerleştirin ve fırını önceden 325°F'ye ısıtın. Bir fırın tepsisini parşömen kağıdıyla hizalayın.

e) Ellerinizi suyla ıslatın ve hamuru 2 inçlik toplar halinde yuvarlayın ve bunları pişirme kağıdı serili fırın tepsisine yaklaşık 2 inç aralıklarla yerleştirin. Hızlı çalışın ve kurabiyeleri gruplar halinde pişiriyorsanız, kalan hamuru turlar arasında soğutun.

f) Kenarlar hafifçe yükselene ve orta kısım çoğunlukla sabitlenene kadar 12 ila 13 dakika pişirin. Fırından çıkarın ve en az 10 dakika boyunca tavada soğumaya bırakın, ardından bir rafa aktarın ve tamamen soğumaya bırakın.

Dondurmalı Sandviçleri Birleştirmek

g) Kurabiyeleri bir tepsiye dizin ve 1 saat kadar dondurun. 1 litre dondurmayı kepçeyle alınabilecek kadar yumuşatın. Ben sade tutmayı ve Sweet Cream Ice Cream kullanmayı seviyorum ama siz dilediğiniz lezzeti kullanabilirsiniz.

ğ) Kurabiyeleri dondurucudan çıkarın ve hızlı bir şekilde çalışarak 2 ila 4 ons dondurmayı bir kurabiyenin üzerine alın. Üzerine başka bir kurabiye koyarak dondurmayı pürüzsüz hale getirin. Tekrarlamak.

h) Tüm sandviçleri birleştirmeyi bitirdiğinizde sertleşmeleri için en az 2 saat dondurucuya koyun.

51. Yulaf Ezmeli Kremalı Sandviçler

24 kurabiye yapar

İçindekiler:

- $1\frac{1}{2}$ su bardağı ağartılmamış çok amaçlı un
- 2 su bardağı çabuk pişirilen yulaf (hazır yulaf ezmesi)
- 1 çay kaşığı karbonat
- $\frac{1}{4}$ çay kaşığı öğütülmüş tarçın
- $\frac{1}{2}$ pound (2 çubuk) tuzsuz tereyağı, yumuşatılmış
- $1\frac{1}{2}$ su bardağı paketlenmiş açık kahverengi şeker
- $\frac{3}{4}$ çay kaşığı ince deniz tuzu
- 1 çay kaşığı vanilya özü
- 2 büyük yumurta, oda sıcaklığında
- 1 litre Farmstead Peynirli ve Guava Reçeli Dondurma veya seçtiğiniz başka bir dondurma

Talimatlar:

a) Fırının ortasına bir raf yerleştirin ve fırını önceden 325°F'ye ısıtın. İki fırın tepsisini parşömenle kaplayın.

b) Un, yulaf, kabartma tozu ve tarçını bir kasede birleştirin ve iyice karıştırın. Elektrikli bir karıştırıcı kullanarak tereyağını geniş bir kapta pürüzsüz ve kremsi bir kıvama gelinceye kadar çırpın.

c) Şekeri ve tuzu ekleyip karışımın rengi açık ve kabarık olana kadar çırpın; Gerektiğinde kasenin kenarlarını kazıyın. Vanilya ekstraktını ekleyin ve birleştirmek için çırpın.

ç) Yumurtaları teker teker ekleyin ve her eklemeden sonra iyice çırpın. Hamur pürüzsüz ve kremsi olmalıdır.

d) Kuru malzemelerin yarısını ekleyin ve düşük hızda birleşene kadar karıştırın. Kalan unu ekleyin ve birleşene kadar karıştırın. Hamuru fazla yoğurmamaya dikkat edin.

e) Hamuru fırın tepsilerine paylaştırmak için 1 onsluk bir kepçe kullanın ve kurabiyeleri yaklaşık 2 inç aralıklarla yerleştirin.

f) Kurabiyeleri elinizin tersiyle ya da tahta kaşığın tersiyle hafifçe düzleştirin.

g) Kurabiyeleri 7 dakika pişirin. Tavayı çevirin ve 4 ila 6 dakika daha veya kurabiyelerin kenarları çok hafif kahverengileşene ancak ortaları zar zor oturana kadar pişirin.

ğ) Kurabiyeleri fırın tepsisinde 10 dakika soğumaya bırakın. Daha sonra bunları bir kapta veya 1 galonluk Ziplock dondurucu poşetinde istifleyin ve 2 saat boyunca dondurun.

h) Kremalı sandviçleri birleştirmek için 3 dondurulmuş kurabiyeyi bir tepsiye yerleştirin. Her kurabiyenin üzerine yuvarlak bir kepçe (2 ila 3 ons) hafifçe yumuşatılmış dondurma koyun.

ı) Üstüne üç kurabiye daha ekleyin ve dondurma düzleşip dış kenarlarla buluşana kadar iki kurabiyeyi birlikte ezin.

i) Tamamen birleştirilmiş kremalı sandviçleri tekrar dondurucuya yerleştirin ve kalan kurabiyelerle aynı işlemi tekrarlayın.

52. Kremalı Puflar ve Eklerler Halkalı Kek

6 ila 12 porsiyon yapar

İçindekiler:

- 1 su bardağı ılık su
- 4 yemek kaşığı ($\frac{1}{2}$ çubuk) tuzsuz tereyağı, parçalar halinde kesilmiş
- 1 su bardağı ağartılmamış çok amaçlı un veya glutensiz un
- 4 büyük yumurta, oda sıcaklığında
- Tuzlu Vanilyalı Dondurulmuş Muhallebi veya Tuzlu Keçi Sütlü Çikolatalı Dondurulmuş Muhallebi
- Çikolata Sır (4 yemek kaşığı tam yağlı süt kullanın)

Talimatlar:

a) Fırını önceden 400°F'ye ısıtın.

b) Suyu ve tereyağını orta ağır bir tencerede birleştirin ve tereyağını eritmek için karıştırarak kaynatın. Unun tamamını dökün ve karışım bir top oluşana kadar karıştırın.

c) Ocaktan alıp yumurtaları teker teker ekleyip elektrikli mikserle çırpın.

Kremalı Puflar için

ç) Yağlanmamış bir kurabiye tabakasına altı adet 4 inçlik bireysel hamur yığınlarını kaşıklayın (daha küçük puflar için on iki adet 2 inçlik tümsekler yapın). Altın kahverengi olana kadar yaklaşık 45 dakika pişirin. Fırından çıkarın ve soğumaya bırakın.

Eclairs için

d) $\frac{1}{4}$ inçlik düz uçlu bir hamur işi poşeti takın, ardından altı ila on iki adet 4 inçlik şeritleri yağlanmamış bir kurabiye kağıdına sıkın. Altın kahverengi olana kadar yaklaşık 45 dakika pişirin. Fırından çıkarın ve soğumaya bırakın.

Yüzük Pastası İçin

e) 12 inçlik oval yapmak için yağlanmamış bir kurabiye tabakasına kaşık dolusu hamur bırakın. Altın kahverengi olana kadar 45 ila 50 dakika pişirin. Fırından çıkarın ve soğumaya bırakın.

Montajlama

f) Glazeyi hazırlayın. Kremalı pufları, eklerleri veya halka keki ikiye bölün. Dondurmayı doldurun ve üstünü/üstlerini tekrar takın.

g) Kremalı puflar için, her pufun üstünü çikolataya batırın. Eklerler için kremayı üzerlerine cömertçe kaşıklayın. Halka kek için 5 yemek kaşığı sütü daha karıştırın; halka kekin üzerine gezdirin.

ğ) Servis yapmak için hamur işlerini veya pasta dilimlerini tabaklara yerleştirin.

53. Kataifi Yuvaları

18 ila 24 yuva yapar

İçindekiler:

- ½ pound (2 çubuk) tuzsuz tereyağı
- 1 bardak bal
- Bir adet 1 kiloluk paket dondurulmuş kataifi
- Deniz tuzu

Talimatlar:

a) Fırını önceden 375°F'ye ısıtın.

b) Tereyağı ve balı büyük bir tencerede birleştirin ve orta-düşük ateşte, tereyağı eriyene kadar karıştırarak ısıtın. Birleştirmek ve bir kenara koymak için çırpın.

c) Kataifi tezgah üzerinde açın. Bir elinizle yaklaşık $\frac{1}{2}$ inç kalınlığındaki bir demet demetinin bir ucunu tutun ve diğer elinizi kullanarak kataifi'yi, kataifi'yi tutan elin parmaklarının (ancak başparmak değil) etrafına sarın. Kataifi'yi neredeyse tamamen parmaklarınızın etrafına sardığınızda, gevşek ucunu yuvaya çevirerek sabitleyin ve yağlanmamış bir fırın tepsisine yerleştirin. Kalan kataifi ile tekrarlayın.

ç) 10 ila 15 dakika veya altın kahverengi olana kadar pişirin. Yuvaları fırından çıkarın ve üzerlerine ballı tereyağı sürün/fırçalayın. Her birine birkaç parça tuz serpin.

d) Yuvalar oda sıcaklığında 3 güne kadar taze kalacaktır.

e) Bir kepçe Mango Lassi Dondurulmuş Yoğurt veya başka bir dondurulmuş yoğurt veya dondurma ile sıcak veya soğuk olarak servis yapın.

54. Dökme Demir Gözleme

8 ila 10 porsiyon yapar

İçindekiler:

- 4 yemek kaşığı ($\frac{1}{2}$ çubuk) tuzsuz tereyağı
- 4 büyük yumurta, oda sıcaklığında
- $\frac{3}{4}$ bardak ağartılmamış çok amaçlı un
- $\frac{3}{4}$ bardak tam yağlı süt
- Bir tutam ince deniz tuzu
- 3 yemek kaşığı tuzlu tereyağı, eritilmiş
- Toz şeker
- 1 limon

Talimatlar:

a) Fırını önceden 425°F'ye ısıtın.

b) Tuzsuz tereyağını 10 inçlik dökme demir tavaya koyun ve tavayı önceden ısıtmak ve tereyağını eritmek için fırına yerleştirin.

c) Bu arada yumurtaları bir kasede çırpın, ardından unu, sütü ve tuzu ekleyip karıştırmak için karıştırın; meyilli hala topaklı olmalıdır.

ç) Fırın önceden ısıtıldığında, sıcak tavayı dikkatlice çıkarın (fırın eldiveni kullanarak) ve hamuru dökün. Tavayı hemen fırına geri koyun ve 20 dakika veya gözleme kabarık ve altın rengi kahverengi olana kadar pişirin.

d) Fırından çıkarıp üzerine eritilmiş tuzlu tereyağını dökün. Üzerine pudra şekeri ve biraz limon kabuğu rendesi serpin (Microplane rendesi kullanın) ve üstüne biraz limon suyu sıkın.

e) Dilimleyin, üzerine biraz daha pudra şekeri serpin ve hemen dondurma veya dondurulmuş yoğurtla servis yapın.

55. Peoria Mısır Böreği

8'den 10'a kadar hizmet verir

İçindekiler:

- Kızartmak için 5 su bardağı sıvı yağ
- 2 su bardağı pudra şekeri
- 2 kulak taze mısır veya $1\frac{1}{2}$ bardak çözülmüş dondurulmuş mısır
- 3 büyük yumurta
- $1\frac{1}{2}$ bardak tam veya %2 süt
- $2\frac{1}{2}$ su bardağı ağartılmamış, kendiliğinden kabaran un

Talimatlar:

a) Yağı 4 litrelik bir tencerede orta ateşte 365°F'a ulaşana kadar ısıtın.

b) Pudra şekerini geniş bir kaseye alıp bir kenara koyun.

c) Taze mısır başaklarını kullanıyorsanız, çekirdekleri koçandan dilimleyin, ardından sıvıyı çıkarmak için koçanı bıçağınızın arkasıyla kazıyarak "sütleyin"; $1\frac{1}{2}$ bardak çekirdek ve sıvıyı ayırın.

ç) Yumurtaları orta boy bir kaseye kırın ve çatalla homojen bir sarı oluncaya kadar çırpın.

d) Sütü ekleyin ve birleşene kadar çatalla çırpın. Unu ekleyin ve iyice karıştırın, ardından mısırı ekleyin ve karıştırın.

e) Yağ 365°F'ye ulaştığında veya bir damla hamur dibe çöküp hızla tekrar yüzeye çıkıp her tarafta kabarcıklar oluştuğunda, 3 kaşık dolusu hamurdan teker teker ve eşit aralıklarla yağın içine bırakın.

f) Börekleri 4 dakika kızartın, ters çevirin ve koyu altın rengi kahverengi olana kadar 4 dakika daha kızartın.

g) Delikli bir kaşık kullanarak yağdan çıkarın, kağıt havluların üzerinde birkaç saniye süzün ve pudra şekerine bulayın. Tüm hamuru tüketene kadar tekrarlayın. Sıcak servis yapın.

56. Kuzey Pazarı Waffle'ları

8 ila 10 porsiyon yapar

İçindekiler:

- $2\frac{1}{2}$ bardak tam yağlı süt
- $\frac{1}{2}$ pound (2 çubuk) tuzsuz tereyağı, 16 parçaya bölünmüş
- 3 su bardağı ağartılmamış çok amaçlı un veya glutensiz un
- 1 su bardağı tam buğday unu veya glutensiz un
- 2 yemek kaşığı şeker
- 2 çay kaşığı ince deniz tuzu
- 1 yemek kaşığı anlık maya
- 4 büyük yumurta, oda sıcaklığında
- 2 çay kaşığı vanilya özü

Talimatlar:

a) Unları, şekeri, tuzu ve mayayı geniş bir kapta birleştirin. Süt karışımını ekleyin ve pürüzsüz hale gelinceye kadar çırpın.

b) Yumurtaları ve vanilyayı küçük bir kapta birleşene kadar çırpın, ardından hamura ekleyin ve karışana kadar çırpın. Kasenin kenarlarını kauçuk bir spatula ile kazıyın ve pürüzsüz hale gelinceye kadar karıştırın.

c) Kaseyi plastik ambalajla örtün ve en az 12 saat, en fazla 24 saat buzdolabında saklayın.

ç) Waffle demirinizi ısıtın (her zaman üreticinin talimatlarına uyun). Waffle hamurunu buzdolabından çıkarın. Meyilli söndürülecek; yeniden birleştirmek için çırpın.

d) 7 inçlik yuvarlak bir demirde waffle başına yaklaşık $\frac{1}{2}$ fincan hamur veya 9 x 9 inçlik bir demirde yaklaşık 1 fincan kullanın.

e) Waffle'ları 4 dakika veya altın rengi olana, ancak kahverengi olmayana, karamelize olmayana veya kızartılmayana kadar pişirin.

f) Hemen servis yapın veya kalan waffle'ları pişirirken 200°F fırında tel ızgara üzerinde tek kat halinde sıcak tutun.

57. Tatlı Empanadalar

10 ila 12 empanada yapar

İçindekiler:

Hamur

- 3 su bardağı ağartılmamış çok amaçlı un
- 3 yemek kaşığı şeker
- ¾ çay kaşığı ince deniz tuzu
- ½ fincan yüksek kaliteli domuz yağı veya sebze yağı
- 1 büyük yumurta, dövülmüş
- 1 bardak ayran

dolgu

- 1 pound elma, şeftali, erik veya kayısı, soyulmuş, çekirdeği çıkarılmış veya çekirdeği çıkarılmış ve doğranmış veya 1 pound yaban mersini, böğürtlen veya ahududu
- ½ bardak) şeker
- ¼ çay kaşığı ince deniz tuzu
- 2 yemek kaşığı limon suyu

- 1 çay kaşığı mısır nişastası
- Kızartma için bitkisel yağ

Talimatlar:

a) Hamuru yapmak için, un, şeker, tuz ve domuz yağını bir mutfak robotunda birleştirin ve karışım iri kırıntılara benzeyene kadar 10 ila 15 kez çalıştırın ve her tarafa biraz daha büyük domuz yağı serpin.

b) Çırpılmış yumurtayı ekleyin, çatalla hafifçe karıştırın, ardından ayranı ekleyin ve hepsi bir araya gelinceye kadar yavaşça karıştırın. Hamuru bir top haline getirin ve plastik sargıya sarın. En az 1 saat buzdolabında bekletin.

c) İç harcını hazırlamak için meyveyi, şekeri, tuzu, limon suyunu ve mısır nişastasını orta boy bir tencerede birleştirin ve orta ateşte, karışım hafifçe koyulaşana kadar karıştırarak pişirin. Ateşten alıp soğumaya bırakın.

ç) Empanadaları birleştirmek için, hamuru unlanmış bir yüzey üzerinde yaklaşık $\frac{1}{8}$

inç kalınlığında büyük bir dikdörtgen şeklinde yuvarlayın. Sayfadan 10 ila 12 daire kesmek için 4 veya 5 inçlik bir bisküvi kesici kullanın .

d) Kalan artıkları gevşek bir şekilde toplayın, hamur tekrar bir araya gelinceye kadar sıkıca yoğurun, daha önce olduğu gibi açın ve ek daireler kesin; gerektiği kadar tekrarlayın.

e) Bir tur hamurun ortasına 2 ila $2\frac{1}{2}$ yemek kaşığı dolum koyun. Hamuru ikiye katlayın ve kenarlarını kapatacak şekilde kıvırın. Kalan turlar ve doldurma ile tekrarlayın.

f) Bitkisel yağı büyük, derin bir tencerede 365°F'ye ısıtın. Gruplar halinde çalışarak, empanadaları, hamur zengin bir altın rengi kahverengi olana kadar, her iki tarafta 2 ila 4 dakika boyunca bir kez çevirerek kızartın.

g) Empanadaların geri kalanını pişirirken kağıt havluların üzerine boşaltın ve sıcak fırında bir tabağa aktarın. Sıcak servis yapın.

58. Dondurmalı Ekmek Pudingi

8 ila 10 porsiyon yapar

İçindekiler:

- 3 bardak brioche , kabaca yırtılmış
- 4 büyük yumurta, oda sıcaklığında
- 1 litre kalan vanilyalı dondurma, eritilmiş
- $\frac{3}{4}$ su bardağı ılık su
- 1 su bardağı şeker
- Viski Karamel Sosu

Talimatlar:

a) Fırını önceden 350°F'ye ısıtın.

b) Böreği 9 x 13 inçlik bir pişirme kabına yerleştirin. Yumurtaları geniş bir kapta çırpın. Eritilmiş dondurmayı, suyu ve şekeri ekleyip iyice karıştırın. Karışımı brioche'un üzerine dökün ve 15 dakika bekletin.

c) 35 dakika veya üstü karamelize olana kadar pişirin. Fırından alıp üzerine sos gezdirip sıcak olarak servis yapın.

59. muzla beslenen

8 porsiyon yapar

İçindekiler:

- 4 yemek kaşığı ($\frac{1}{2}$ çubuk) tuzsuz tereyağı, yumuşatılmış
- $\frac{1}{2}$ su bardağı paketlenmiş koyu kahverengi şeker
- 2 yemek kaşığı muz likörü
- 4 orta boy hafif olgunlaşmamış muz, çapı yarıya ve daha sonra uzunlamasına yarıya bölünmüş
- $\frac{1}{2}$ fincan brendi
- Bir tutam ince deniz tuzu
- Tuzlu Vanilyalı Dondurulmuş Muhallebi

Talimatlar:

a) Tereyağını 10 inçlik ağır bir tavada düşük ateşte eritin. Kahverengi şekeri ekleyin ve eşit şekilde nemlenene kadar karıştırın. Muz likörünü ekleyin ve kaynamaya bırakın.

b) Muzları ekleyin ve her iki tarafını yaklaşık 30 saniye boyunca bir kez çevirerek pişirin, pişerken sosu muzların üzerine dikkatlice kaşıkla dökün.

c) Muzları çıkarmak için büyük oluklu bir spatula kullanın ve sosun mümkün olduğu kadar çoğunu tavada bırakarak sekiz kaseye bölün.

ç) Sosu kaynatın ve brendiyi dikkatlice ekleyin. Sos çok sıcaksa alkol tutuşacak ve bir süre sonra yanacaktır; değilse, sos biraz kalınlaşıp şurup kıvamına gelinceye kadar 3 ila 4 dakika kaynamaya bırakın. Tuzu ekleyip karıştırın.

d) Acı sosu muzların üzerine dökün ve hemen bir kepçe dondurmayla birlikte servis yapın.

60. Haşlanmış Meyve

8 porsiyon yapar

İçindekiler:

- 1 şişe beyaz veya kırmızı şarap veya 3 bardak su
- 2 su bardağı şeker
- İsteğe göre baharat veya şifalı otlar (Kışın yıldız anasonu, yazın ise fesleğen severim)
- 4 büyük armut veya şeftali veya 8 erik, soyulmuş, yarıya bölünmüş ve çekirdekleri çıkarılmış veya 16 orta boy kayısı, yarıya bölünmüş ve çekirdeği çıkarılmış veya 50 kiraz (yaklaşık 1 pound), çekirdekleri çıkarılmış

Talimatlar:

a) Şarabı, şekeri ve (kullanıyorsanız) baharatları veya bitkileri 4 litrelik bir tencerede birleştirin ve şekeri çözmek için karıştırarak, kısık ateşte kaynama noktasına kadar ısıtın.

b) Hazırlanan meyveyi yavaşça sıcak haşlama sıvısına koyun ve meyveyi gerektiği kadar sıvı içinde çevirerek yumuşayana kadar pişirin.

c) Delikli bir kaşık kullanarak meyveyi haşlama sıvısından yavaşça çıkarın ve sıcak olarak servis yapın veya bir tabakta soğumaya bırakın.

ç) Meyveler soğuduktan sonra, hava geçirmez bir kapta, kaçak sıvıyla kaplanmış olarak buzdolabında 3 güne kadar saklanabilir.

61. J-Barlar

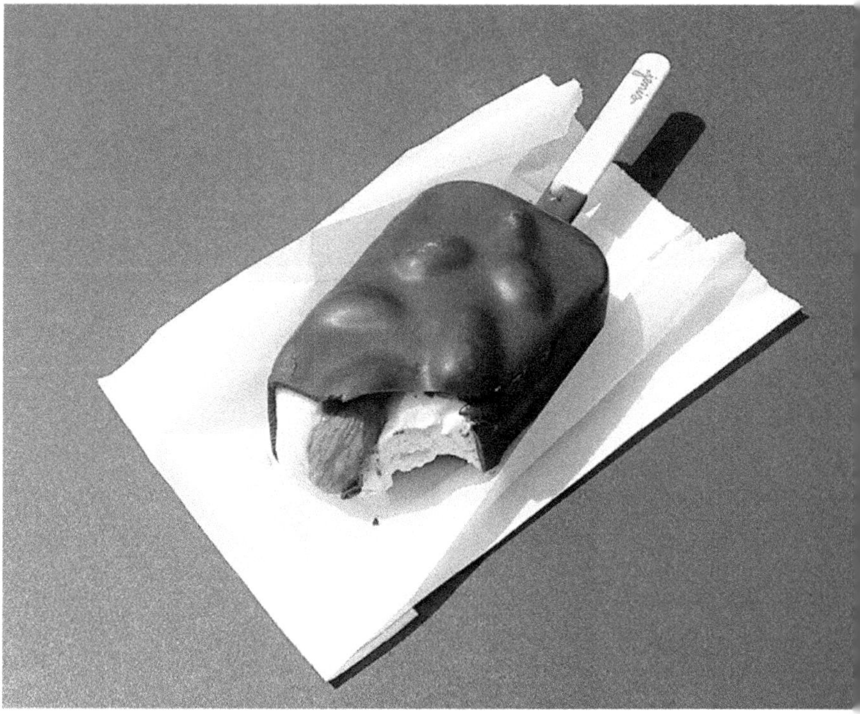

10 J-Bar yapar

İçindekiler:

- ½ su bardağı Tuzlu Karamel Sos
- Tatlı Kremalı Dondurma veya seçtiğiniz 1 litre dondurma, hafifçe yumuşatılmış
- ½ fincan füme, kızartılmış veya tuzlanmış badem, ceviz veya yer fıstığı gibi kuruyemişler
- 12 ons acı tatlı çikolata (en az %60 kakao), doğranmış
- ⅓bardak rafine hindistan cevizi yağı

Talimatlar:

a) Fırın tepsisini yağlı kağıtla kaplayın ve dondurucuya koyun. Karamel sosunu sıkma şişesine koyup buzdolabında saklayın.

b) İki adet 5 bar'lık silikon dondurma kalıbını dondurmayla doldurun ve üstlerini ofset bir spatula ile düzeltin. Her kalıba bir çubuk yerleştirin. Dondurmayı hafifçe sertleştirmek için yağlı kağıtla örtün ve 30 dakika dondurun.

c) Küçük bir kaşığın sapını kullanarak her kalıbın ortasında küçük bir çukur kazıyın ve çukuru karamel sosla doldurun. Her kalıptaki dondurmanın içine 3 ila 5 parça fındık bastırın. Kalıpları yağlı kağıtla örtün ve 3 ila 4 saat boyunca tamamen sertleşmesi için dondurucuya geri dönün.

ç) Çikolatayı ve hindistancevizi yağını çift kazanda birleştirin ve orta ateşte, tüm çikolata eriyene ve hindistancevizi yağı tamamen karışana kadar karıştırarak ısıtın.

d) Ateşten alın, küçük, derin bir kaba aktarın ve hala akışkan olana ancak sıcak olmayana kadar soğumaya bırakın.

e) J-Bar'ları dondurucudan çıkarın ve her birini kalıptan çıkarın. Her bir çubuğu çubukla çikolataya batırın ve 3'e kadar sayın, ardından çıkarın, fazla çikolatanın çikolata kasesine geri akmasını sağlayın ve çubuğu hazırladığınız fırın tepsisine yerleştirin.

f) J-Bar'ları en az 2 saat sertleşmeleri için dondurucuya geri koyun.

KOKTEYLLER _

62. Taştaki Kılıç

1 içecek yapar

İçindekiler:

- $\frac{1}{4}$ bardak cin
- 2 yemek kaşığı armut likörü
- Bir adet 4 onsluk kepçe (yaklaşık $\frac{1}{4}$ pint) Buğday Çimi, Armut ve Vinho Verde Şerbeti
- 1 kokteyl kılıcı

Talimatlar:

a) Cin ve armut likörünü buzla birlikte çalkalayıcıda soğuması için çalkalayın.

b) Şerbet kepçesini soğutulmuş bir martini bardağına (veya kral kadehine) yerleştirin .

c) Üzerine cin karışımını döküp servis yapın.

63. Dizlerinizi Kızartın

1 içecek yapar

İçindekiler:

- Bir adet 4 onsluk parça (yaklaşık $\frac{1}{4}$ pint) Kırmızı Ahududu Şerbeti
- $\frac{1}{4}$ fincan cin
- 1 ila 2 ons soda suyu
- Kireç bükümü
- Lavanta sapı

Talimatlar:

a) Şerbet parçasını uzun bir bardağın kenarına yaslayın.

b) Üzerine cin dökün ve damak tadınıza göre soda ekleyin. Misket limonu bükümü ve lavanta sapı ile süsleyin.

64. Gölün Hanımı

1 içecek yapar

İçindekiler:

- $\frac{1}{4}$ bardak votka veya cin
- 2 yemek kaşığı tatlı kremalı dondurma
- Bir adet 4 onsluk kepçe (yaklaşık $\frac{1}{4}$ pint) Sert Çekirdekli Meyve Şerbeti
- 1 kokteyl kılıcı

Talimatlar:

a) Votka ve dondurmayı çalkalayıcıda, dondurma eriyip karışıncaya kadar çalkalayın.

b) Şerbet kaşığını soğutulmuş bir bardağa koyun .

c) Her tarafına votkayı döküp servis yapın.

TOPLAMLAR

65. Şeker konileri

İçindekiler:

- 2 büyük yumurta akı
- $\frac{1}{2}$ bardak) şeker
- 3 yemek kaşığı tam yağlı süt
- $\frac{1}{2}$ çay kaşığı saf vanilya özü
- $\frac{1}{4}$ çay kaşığı tuz
- ⅔bardak çok amaçlı un
- $\frac{1}{4}$ çay kaşığı öğütülmüş tarçın (isteğe bağlı)
- 2 yemek kaşığı tuzsuz tereyağı, eritilmiş
- 4 ons yarı tatlı veya bitter çikolata (isteğe bağlı)

Talimatlar:

a) Yumurta aklarını, şekeri, sütü, vanilyayı ve tuzu küçük bir kapta çırpın. Unu, tarçını ve tereyağını ekleyin. Tamamen karışana ve hamur pürüzsüz hale gelinceye kadar çırpın.
b) Yapışmaz tavayı az miktarda pişirme spreyi ile hafifçe kaplayın veya hafifçe nötr yağla fırçalayın. Soğuk tavaya yaklaşık 2$\frac{1}{2}$ yemek kaşığı hamur dökün ve ince, eşit bir tabaka halinde yayın.

c) Tavayı orta ateşte yerleştirin ve diski 4 ila 5 dakika veya koni sertleşip tabanı hafifçe altın rengine dönene kadar pişirin. Diski dikkatlice çevirin ve 1 ila 2 dakika pişirmeye devam edin.

ç) Şeker diskini hızlı bir şekilde temiz bir havlunun üzerine koyun ve üzerine konik bir rulo koyun. Havlu ve külah rulosunu kullanarak diski bir koni şeklinde yuvarlayın ve koni soğuyup sertleşene kadar 1 ila 2 dakika boyunca dikiş boyunca sıkıca tutun.

d) Tavayı silin ve tüm hamur kullanılıncaya kadar işlemi tekrarlayın.

e) Külahları çikolataya batırmak isterseniz tepsiye yağlı kağıt serin. Külahlar tamamen soğuduğunda çikolatayı mikrodalgada 30 saniyelik artışlarla eritin.

f) Külahların uçlarını yavaşça çikolataya batırın ve çikolata sertleşinceye kadar parşömen üzerine koyun.

g) Oda sıcaklığında hava geçirmez bir kapta saklayın, külahlar 1 haftaya kadar saklanacaktır.

66. Ananas-habanero marmelatı

İçindekiler:

- 1 orta boy ananas, soyulmuş ve çekirdeği çıkarılmış 2 habanero biberi, ince dilimlenmiş
- 1 su bardağı şeker
- 2 limonun suyu ve rendelenmiş kabuğu
- $\frac{3}{4}$ çay kaşığı koşer tuzu
- 3 yemek kaşığı beyaz sirke

Talimatlar:

a) Ananası geniş bir kaseye yerleştirilmiş kutu rendenin büyük deliklerine rendeleyin. Meyve suyunu rezerve edin.

b) Büyük bir tencerede ananas ve suyunu biber, şeker, limon suyu ve tuzla birleştirin. Orta ateşte kaynatın, ardından kaynamaya devam etmek için ısıyı kısın ve sirkeyi ekleyin.

c) Karışım kaşığın arkasını kaplayacak kadar kalınlaşana kadar ara sıra karıştırarak 8 ila 10 dakika pişirin. Ateşten alın, limon kabuğu rendesini karıştırın ve soğumaya bırakın.

ç) Buzdolabında hava geçirmez bir kapta saklanan marmelat 1 hafta kadar saklanabilir.

67. Kiraz-ebegümeci kompostosu

İçindekiler:

- 2 pound taze veya dondurulmuş Bing kirazı, çekirdekleri çıkarılmış (yaklaşık $4\frac{1}{2}$ bardak)
- $\frac{3}{4}$ bardak şeker
- $\frac{1}{2}$ bardak su
- $\frac{3}{4}$ bardak kurutulmuş ebegümeci çiçeği
  Büyük bir tutam koşer tuzu

Talimatlar:

a) Büyük, ağır tabanlı bir tencerede tüm malzemeleri birleştirin.
b) Orta ateşte kaynatın, ardından ısıyı kısıp kaynamaya devam edin ve ara sıra karıştırarak, meyve suları kaşığın arkasını kaplayacak kadar koyulaşana kadar yaklaşık 10 dakika pişirin. Ateşten alıp soğumaya bırakın.
c) Buzdolabında hava geçirmez bir kapta saklanan komposto 1 haftaya kadar dayanır.

68. Tutku meyveli karamel sosu

İçindekiler:

- 2 su bardağı şeker
- $\frac{1}{2}$ bardak su
- 2 çay kaşığı hafif mısır şurubu
- 1⅓bardak çarkıfelek meyvesi püresi
- 4 yemek kaşığı tuzsuz tereyağı, parçalar halinde kesilmiş
- $\frac{1}{2}$ çay kaşığı koşer tuzu

Talimatlar:

a) Ağır dipli büyük bir tencerede şekeri, suyu ve mısır şurubunu birleştirin. Orta ateşte kaynamaya bırakın, şekeri eritmek için karıştırın ve ara sıra ıslak bir pasta fırçasıyla tavanın kenarlarını fırçalayarak şeker kristallerini yıkayın.

b) Isıyı orta-yüksek seviyeye yükseltin ve şurup koyu kehribar rengine gelinceye kadar yaklaşık 8 dakika karıştırmadan kaynamaya bırakın. Tavayı ocaktan alın.

c) Çarkıfelek meyvesi püresini (kabarıp sıçrayacaktır, bu yüzden dökerken dikkatli olun), tereyağını ve tuzu dikkatlice ekleyin ve mümkün olduğunca karıştırmak için çırpın (karamel biraz sertleşecektir).

ç) Tavayı orta-düşük ısıya getirin, kaynatın ve karamel eriyene ve sos pürüzsüz hale gelinceye kadar karıştırarak pişirin. Ateşten alıp soğumaya bırakın. Buzdolabında hava geçirmez bir kapta saklanan sos, 10 güne kadar saklanabilir.

d) Sosu ılık veya oda sıcaklığında servis edin.

69. Keçi sütlü karamel

İçindekiler:

- 4 su bardağı keçi sütü veya inek ve keçi sütü karışımı, tercihen pastörize edilmemiş
- $1\frac{1}{4}$ su bardağı şeker
- $\frac{1}{4}$ çay kaşığı karbonat
- $\frac{1}{2}$ çay kaşığı saf vanilya özü
- Bir tutam koşer tuzu

Talimatlar:

a) Büyük, kalın dipli bir tencerede süt, şeker ve kabartma tozunu birlikte karıştırın.

b) Yüksek ateşte kaynatın, ardından ısıyı kısıp hızlı bir kaynamaya devam edin ve ara sıra karıştırarak, karışım koyulaşıncaya ve koyu karamel rengine gelinceye kadar 1 ila $1\frac{1}{2}$ saat pişirin; Karışım koyulaştıkça daha sık karıştırın.

c) Isıya dayanıklı bir kaba aktarıp soğumaya bırakın. Vanilyayı ve tuzu ekleyip karıştırın. Buzdolabında hava geçirmez bir kapta saklanan karamel 10 güne kadar saklanacaktır.

70. Şekerlenmiş kabak çekirdeği

İçindekiler:

- 1 su bardağı şeker
- 1 çay kaşığı koşer tuzu
- 1 büyük yumurta beyazı
- 3 su bardağı kabak çekirdeği

Talimatlar:

a) Fırını önceden 300°F'ye ısıtın. Kenarlı bir fırın tepsisini biraz bitkisel yağla hafifçe kaplayın veya parşömen kağıdıyla hizalayın.

b) Küçük bir kapta şekeri, kırmızı biberi (eğer kullanılıyorsa) ve tuzu karıştırın. Orta boy bir kapta yumurta beyazını çatalla köpürene kadar çırpın. Kabak çekirdeğini ve şeker karışımını ekleyin ve tohumlar eşit şekilde kaplanana kadar karıştırın.

c) Kabak çekirdeklerini hazırlanan fırın tepsisine yayın ve birkaç kez karıştırarak, kızarana kadar 10 ila 12 dakika pişirin. oda sıcaklığına soğumaya bırakın.

ç) Hava geçirmez bir kapta, serin ve kuru bir yerde saklanan kabak çekirdeği, 1 aya kadar saklanabilir.

71. Vanilya ve tekila kreması

İçindekiler:

- 1 su bardağı soğuk ağır krema
- 2 yemek kaşığı şeker
- 1 vanilya çekirdeği (uzunlamasına bölünmüş) veya 1 çay kaşığı saf vanilya özü

Talimatlar:

a) Paslanmaz çelik bir kaseyi ve çırpıcıyı dondurucuya koyun ve 10 ila 15 dakika soğumaya bırakın.

b) Soğutulmuş kapta kremayı ve şekeri birleştirin. Vanilya çekirdeği kullanıyorsanız, tohumları kabuk yarımlarından kazımak için bir soyma bıçağı kullanın ve tohumları krema karışımına ekleyin.

c) Soğutulmuş çırpma teli ile, çırpma teli kaldırıldığında krema yumuşak zirveler elde edinceye kadar çırpın.

ç) Tekilayı (ve kullanıyorsanız vanilya özünü) çırpın. Krema orta sertlikte zirveler elde edene kadar çırpmaya devam edin.

d) Hemen kullanın veya plastik ambalajla örtün ve 2 güne kadar buzdolabında saklayın.

72. Piloncillo karamelize cevizler

İçindekiler:

- 8 ons piloncillo, ince doğranmış
- 1 (1 inç) parça Meksika tarçını
- ⅓bardak su $3\frac{1}{4}$ bardak yarım ceviz
- Kenarlı bir fırın tepsisini hafifçe yağlayın.

Talimatlar:

a) Bir tencerede piloncillo, tarçın ve suyu birleştirin. Tavayı orta ateşe koyun ve piloncillo eriyene ve karışım kabarcıklı, kalın ve altın renkli olana kadar 4 ila 6 dakika karıştırarak pişirin.

b) Cevizlerin yaklaşık üçte birini ekleyin ve kaplayacak şekilde karıştırın. Kalan cevizleri iki parti halinde sürekli karıştırarak ekleyin. Piloncillo kristalleşmeye ve kumlu görünmeye başlayacak.

c) Cevizlerin tamamı kaplanana kadar karıştırmaya devam edin.

ç) Cevizleri hazırlanan fırın tepsisine dökün ve bir kaşıkla ayırın. Tarçın parçasını çıkarın. oda sıcaklığına soğumaya bırakın.

d) Hava geçirmez bir kapta serin ve kuru bir yerde saklanan cevizler 3 haftaya kadar saklanabilir.

73. Baharatlı mango

İçindekiler:

- 1 limon
- 1 kiloluk olgun ama sert mango
- 3 çay kaşığı koşer tuzu
- 3 su bardağı şeker
- 2 bardak su
- $\frac{1}{4}$ bardak hafif mısır şurubu
- ⅓fincan öğütülmüş guajillo, piquin veya árbol biberi veya bunların bir kombinasyonu

Talimatlar:

a) Bir sebze soyucu kullanarak limonun kabuğunu şeritler halinde çıkarın. Limonun suyunu sıkın.

b) Mangoları soyun ve etini büyük parçalar veya dilimler halinde kesin. Bir kasede mangoları 1 çay kaşığı tuz ve limon suyuyla karıştırın.

c) Büyük bir tencerede şekeri, suyu, mısır şurubunu ve limon kabuğu rendesini birleştirin ve orta-yüksek ateşte kaynatın.

ç) Isıyı orta-düşük seviyeye indirin, mango parçalarını ekleyin ve ara sıra karıştırarak 20 dakika hafifçe pişirin.

d) Ateşten alın, tavayı kapakla veya bir parça tülbentle örtün ve gece boyunca oda sıcaklığında bekletin.

e) Ertesi gün tavanın kapağını açın, orta ateşe koyun ve şurubu kaynama noktasına getirin.

f) Ara sıra karıştırarak ve kaynamayı sürdürmek için ısıyı gerektiği gibi ayarlayarak 20 dakika pişirin. Ateşten alın, kapağını veya tülbentini örtün ve gece boyunca oda sıcaklığında bekletin.

g) Üçüncü gün tavayı tekrar açın, orta ateşe koyun ve kaynamaya bırakın. Ara sıra karıştırarak sadece 5 dakika pişirin, ardından ocaktan alın ve oda sıcaklığına soğumaya bırakın.

ğ) Soğuduktan sonra mango parçalarını bir fırın tepsisinin üzerine yerleştirilmiş tel rafa aktarmak için oluklu bir kaşık kullanın. Kireç kabuğunu atın.

h) Mango parçaları artık ıslak olmayana kadar (yapışkan olacaklar), 8 ila 10 saat boyunca süzülmesine izin verin.

ı) Bir kapta öğütülmüş biberleri ve kalan 2 çay kaşığı tuzu karıştırın. Gruplar halinde çalışarak, mango parçalarını her tarafı kaplanana kadar şili karışımına atın.

i) Hava geçirmez bir kapta serin ve kuru bir yerde saklanan mangolar 1 aya kadar saklanabilir.

74. Bademli Crumble Topping

İçindekiler:

- $\frac{1}{2}$ su bardağı çok amaçlı un
- $\frac{1}{2}$ su bardağı dilimlenmiş veya şerit halinde kesilmiş badem
- $\frac{1}{2}$ su bardağı şekerleme şekeri
- $\frac{1}{4}$ bardak kahverengi şeker, paketlenmiş
  $\frac{1}{8}$ çay kaşığı tuz
- $\frac{1}{4}$ çay kaşığı öğütülmüş tarçın
- 4 yemek kaşığı tereyağı, soğutulmuş ve birkaç parçaya bölünmüş

Talimatlar:

a) Fırını 350°F'ye önceden ısıtın. Bir fırın tepsisini parşömen kağıdıyla hizalayın.

b) Un, badem, şeker, tuz ve tarçını bir mutfak robotunda birleştirin ve bademler tamamen badem unu haline gelinceye ve karışım iyice birleşene kadar çekin.

c) Karışım kaba, kumlu bir dokuya sahip oluncaya ve bezelyeden daha büyük tereyağı parçaları kalmayana kadar tereyağını ekleyin ve nabız atın.

ç) Karışımı geniş bir kaseye aktarın. Karışımı elinizde iyice sıkarsanız bezelye büyüklüğünden ceviz büyüklüğüne kadar değişen büyük parçalar halinde birbirine yapışmalıdır. Karışımın tamamını çeşitli büyüklükteki parçalara bölün.

d) Badem parçalarını hazırlanan fırın tepsisine aktarın.

e) Parçacık açık altın renkli ve gevrek oluncaya kadar her 5 dakikada bir spatula ile hafifçe karıştırarak yaklaşık 15 dakika pişirin.

f) Tamamen soğuduğunda, ufalanan hava geçirmez bir kapta birkaç gün saklanabilir.

Yaklaşık 2 bardak yapar

Pazarlar

75. Knickerbocker zafer

İçindekiler:

- taze çilek ve kiraz
- 2 top vanilyalı dondurma
- 6 ila 8 yemek kaşığı meyve jölesi
- çilek veya ahududu sosu
- 2 top çilekli dondurma
- 1/2 bardak ağır krema, çırpılmış
- kavrulmuş dilimlenmiş badem

Talimatlar:

a) İki soğutulmuş dondurma bardağının tabanına biraz taze meyve koyun. Bir kaşık vanilyalı dondurma, ardından biraz meyve jölesi ve biraz meyve sosu ekleyin.

b) Daha sonra çilekli dondurmayı ve ardından biraz daha meyve sosunu ekleyin. Şimdi üzerine çırpılmış krema, taze meyve ve kuruyemişleri ekleyin, ardından daha fazla sos ve birkaç kuruyemiş ekleyin.

c) En fazla 30 dakika boyunca dondurucuya geri koyun veya hemen yiyin. Bunlar saklamak için değildir, bu nedenle gerektiği gibi hazırlayın.

ç) Başlamadan önce uygun malzemelerin yanı sıra iyi soğutulmuş bardakları hazır bulundurmak iyi bir fikirdir.

2 kişilik

76. Şeftali melbası

İçindekiler:

- 4 büyük olgun şeftali, soyulmuş
- 1 limonun ince rendelenmiş kabuğu ve suyu
- 3 yemek kaşığı şekerleme şekeri _ _
- 8 top vanilyalı dondurma

melba sosu için

- 1 1/2 su bardağı olgun ahududu
- 2 yemek kaşığı kırmızı kuş üzümü jölesi
- 2 yemek kaşığı ince şeker

Talimatlar:

a) Şeftalileri ikiye bölüp çekirdeklerini çıkarın. Şeftali yarımlarını fırına dayanıklı bir kaba sıkıca koyun ve üzerine limon suyu sürün. Şekerleme şekeri ile cömertçe serpin. Çanağı önceden ısıtılmış bir piliç altına 5 ila 7 dakika veya altın rengi ve köpürene kadar koyun. Soğumaya bırakın.

b) Sosu hazırlamak için ahududuları jöle ve şekerle ısıtın ve ardından bir süzgeçten geçirin. Soğumaya bırakın.

c) Şeftalileri 1 veya 2 top dondurmayla birlikte servis tabağına dizin. Melba sosunu gezdirin ve limon kabuğu rendesi parçalarıyla tamamlayın.

4 kişilik

77. Kapuçino frappesi

İçindekiler:

- 4 yemek kaşığı kahve likörü
- 1/2 tarif kahveli dondurma
- 4 yemek kaşığı rom
- 1/2 bardak ağır krema, çırpılmış
- 1 yemek kaşığı şekersiz kakao tozu, elenmiş

Talimatlar:

a) Likörü dondurucuya dayanıklı 6 bardak veya bardağın tabanına dökün ve iyice soğutun veya dondurun.
b) Gelatoyu kısmen donuncaya kadar talimatlara göre hazırlayın. Daha sonra romu elektrikli bir karıştırıcıyla köpürene kadar çırpın, donmuş likörün üzerine kaşıkla dökün ve sertleşinceye kadar ancak sert olmayana kadar tekrar dondurun.
c) Çırpılmış kremayı gelatonun üzerine sıkın. Kakao tozunu cömertçe serpin ve kesinlikle servis yapmaya hazır olana

kadar birkaç dakika dondurucuya geri koyun.

Servis 6

78. buzlu lassi

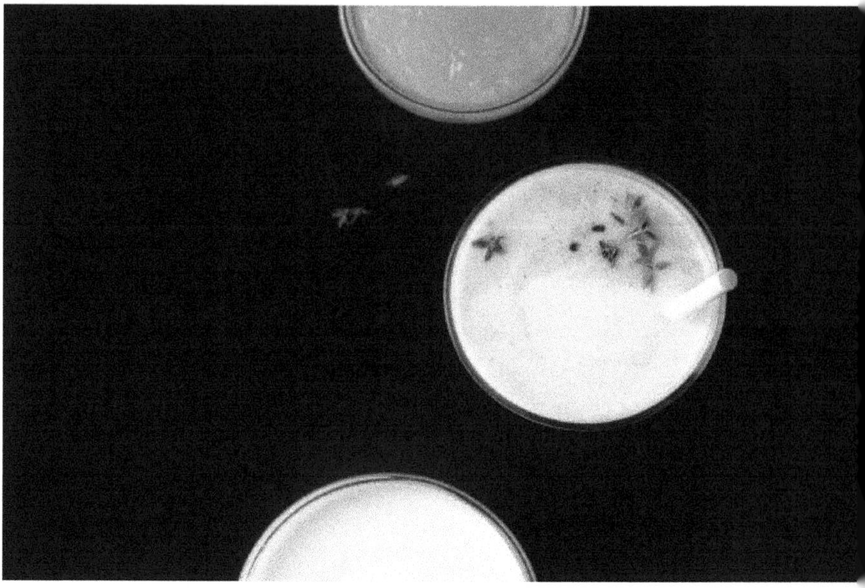

İçindekiler:

- 2 su bardağı sade yoğurt, kısmen dondurulmuş
- 1/2 su bardağı buzlu su
- 1/2 bardak buz küpleri
- 4 yemek kaşığı temiz bal ve isteğe göre daha fazlası
- taze rendelenmiş Hindistan cevizi

Talimatlar:

a) Yoğurt, buzlu su, buz küpleri ve balı bir mutfak robotuna veya karıştırıcıya koyun. Köpük haline gelinceye kadar karıştırın ve iyice karıştırın. Buzlu uzun bardaklara aktarın ve yaklaşık 30 dakika dondurun.

b) Tatlandırmak için biraz daha bal ile servis yapın ve üzerine taze rendelenmiş hindistan cevizi serpin.

1 kişilik

79. Dondurma şamandırası

İçindekiler:

- 2 bardak limonlu limonlu soda, soğutulmuş
- 2 top vanilyalı dondurma
- birkaç mini marshmallow

Talimatlar:

a) Soğutulmuş, uzun bir soda bardağına 1 kaşık dondurma koyun. Sodayı yavaşça dökün, çünkü dondurmayla temas ettiğinde kabarcıklar çıkacaktır.

b) İkinci kepçe dondurmayı ekleyin ve üzerine birkaç küçük marshmallow ekleyin. Uzun bir soda kaşığı ve payetle hemen servis yapın.

1 yapar

80. Karpuz ve çilekli rüşvet

İçindekiler:

- 1 bardak kırılmış buz
- 1 su bardağı kabuğu soyulmuş ve ikiye bölünmüş taze çilek
- 1 su bardağı karpuz eti (çekirdekleri çıkarılmış)
- 2 ila 3 yemek kaşığı çilek şurubu
- süslemek için taze meyve dilimleri

Talimatlar:

a) Tüm malzemeleri (servis için birkaç parça meyve ayırın) bir blender veya mutfak robotuna yerleştirin. Tüm malzemeleri sulu bir kıvama gelinceye kadar kısa süre karıştırın. Fazla karıştırmayın. Servis yapmaya hazır olana kadar dondurucuda bir kapta bekletin.

b) Gerektiğinde uzun bardaklara (veya martini bardaklarına) doldurun ve üzerine birkaç parça meyve ekleyerek servis yapın.

1 kişilik

81. Buzlu kayısı ve nar smoothie

İçindekiler:

- 1 su bardağı sade veya şeftalili yoğurt
- 2 su bardağı doğranmış ve çekirdeği çıkarılmış olgun kayısı
- 2 ila 3 yemek kaşığı temiz bal
- birkaç buz küpü
- 1/2 nar, çekirdekleri ayrılmış ve beyaz özleri çıkarılmış

Talimatlar:

a) Narları süzgeçten geçirin. Yoğurt, kayısı, bal, buz küpleri ve nar suyunu (bir kaşık dolusu çekirdeği ayırın) bir blender veya mutfak robotuna yerleştirin. Gerçekten pürüzsüz olana kadar karıştırın.

b) Kısa bir süre dondurun (30 dakikaya kadar) veya üzerine bir kaşık nar çekirdeği ekleyerek hemen keyfini çıkarın.

2 kişilik

82. Çikolatalı fındıklı dondurma

İçindekiler:

- 1 kaşık zengin çikolatalı dondurma
- 1 kaşık tereyağlı cevizli dondurma
- 2 yemek kaşığı çikolata sosu
- 2 yemek kaşığı kavrulmuş karışık fındık
- çikolata parçacıkları, bukleler veya serpintiler

Talimatlar:

a) İki top dondurmayı soğutulmuş bir dondurma tabağına yerleştirin.
b) Üzerine çikolata sosu gezdirin ve ardından fındık ve çikolata serpin.

1 kişilik

83. Çikolataya batırılmış dondurmalar

İçindekiler:

- 1 tarif lüks vanilyalı dondurma
- 1 tarif çikolata sosu
- ince kıyılmış fındık veya serpin

Talimatlar:

a) Dondurmayı çeşitli boyutlarda kepçe haline getirin. Bunları hemen mumlu kağıdın üzerine yerleştirin ve iyice yeniden dondurun.

b) Çikolata sosunu hazırlayın ve serin (soğuk olmayan) bir yerde soğuyana, ancak koyulaşmayana kadar bekletin.

c) Birkaç tepsiyi mumlu kağıtla örtün. Dondurma çubuğunu bir top dondurmanın ortasına bastırın ve tamamen kaplayacak şekilde çikolataya batırın. Damlaması bitene kadar çikolata kasesinin üzerinde tutun ve ardından temiz mumlu kağıdın üzerine yerleştirin.

ç) Dilerseniz üzerine fındık veya renkli parçacıklar serpin. Buzları dondurucuya koyun ve gerçekten sertleşene kadar (birkaç saat) bırakın. Kullanılan dondurmanın çeşidine bağlı olarak birkaç hafta dayanacak olsalar da , mümkün olan en kısa sürede tüketmek daha iyidir.

6-8 yapar

ÇOCUKLAR İÇİN BUZLU İKRAMLAR

84. Dondurulmuş çikolatalı muz

İçindekiler:

- 4 adet sert fakat olgun küçük muz
- 6 oz. sütlü çikolata, parçalara ayrılmış
- 6 Yemek kaşığı ağır krema
- 4 Yemek kaşığı portakal suyu

Talimatlar:

a) Muzları kabuklarıyla birlikte yaklaşık 2 saat dondurun.

b) Çikolatayı küçük bir tavada krema ve portakal suyuyla birlikte eritip pürüzsüz hale gelinceye kadar ara sıra karıştırarak eritin. Soğuk bir kaseye dökün ve koyulaşıp soğumaya başlayana kadar bırakın. Çok soğumasına izin vermeyin, aksi takdirde kolayca kaplanmaz.

c) Muzları dondurucudan çıkarın ve kabuklarını düzgünce çıkarın. Her bir muzu iyice kaplayacak şekilde çikolataya batırın ve ardından bir veya iki uzun tahta şiş kullanarak çıkarın. Fazla çikolata damlarken muzu kasenin üzerinde tutun. Daha sonra muzu yağlı kağıdın üzerine çikolata donana kadar koyun. 2 veya 3 parçaya bölün ve servise hazır oluncaya kadar dondurucuya koyun.

ç) İsterseniz servis yapmak için her parçaya bir dondurma çubuğu yerleştirin.

d) Bu muzlar iyi muhafaza edilmez ve yapıldıkları gün yenilmelidir.

4 kişilik

85. Dondurma kurabiyeli sandviç

İçindekiler:

- 12 çikolatalı kurabiye
- 2 bardak vanilyalı (veya başka bir aromalı) dondurma, yumuşatılmış

Talimatlar:

a) Kurabiyeleri dondurucuya bir tepsiye yerleştirin.

b) Yumuşatılmış dondurmayı düz bir tavaya veya kaba yaklaşık 1/2 inç kalınlığa kadar yayın ve yeniden dondurun. Tekrar sertleştiğinde, ancak sertleşmediğinde, kurabiyelere uyacak şekilde 6 daire dondurma kesin. Dondurmayı tavadan dikkatlice 6 kurabiyenin üzerine aktarın.

c) İkinci bir kurabiyeyle doldurun. İyice kapatmak için bastırın ve yemeye hazır olana kadar dondurun. İyi donmuşlarsa, yemeden 10-15 dakika önce dondurucudan çıkarın, aksi takdirde çok sert olurlar.

ç) Birkaç gün içinde yiyin.

Servis 6

86. Buzlu meyve kepçeleri

İçindekiler:

- 3 ila 4 bardak (1 1/2 ila 2 lbs.) kaliteli, sert taze meyveler (çilek, kiraz, bektaşi üzümü)
- 1 bardak ağır krema, şekerli ve çırpılmış
- 3/4 bardak ahududu sosu
- 3/4 bardak mango sosu
- şeker serpilir

Talimatlar:

a) Meyveleri basitçe silerek veya kontrol ederek hazırlayın, ancak saplarını veya yakalanabilecekleri herhangi bir şeyi bırakın. Bunları, fırın tepsisindeki mumlu kağıt üzerinde, buz gibi olana ancak çok sert olmayana kadar en az 1 saat boyunca ayrı ayrı dondurun.

b) Kaselere çırpılmış krema, ahududu ve mango sosları ve serpintiler koyun.

c) Soğuyan meyveleri kürdan yardımıyla geniş bir servis tabağına dizin ve servis yapın.

Servis 6

87. Yapışkan şekerleme ikramları

İçindekiler:

- 1 bardak şekerleme sosu
- 3 su bardağı vanilyalı dondurma
- 4 adet şeker külahı

Talimatlar:

a) Eğer sabırsız gençlerden oluşan bir çevreniz varsa, buna iyi hazırlanmanız gerekecek.

b) Sosu oda sıcaklığına getirin, böylece kalın ama dökülmesi kolay olur. Dondurmayı kepçeye hazır hale getirin. Konileri bir tutucuda hazır bulundurun.

c) 2 veya 3 kaşık sostan alıp dondurmanın üzerine yayın. Daha sonra hızlıca bir kepçe dondurma alıp, aynı anda sosu da çevirerek külahın içine koyun.

ç) Aynı külahtan ikinci bir kepçe almak istiyorsanız işlemi tekrarlayın. En üste son bir tutam sos ekleyin. Derhal servis yapın.

4 kişilik

88. Meyveli buz küpleri

İçindekiler:

- 1 su bardağı püresi ahududu
- 1 su bardağı sade veya meyveli yoğurt

Talimatlar:

a) Meyveleri ve yoğurdu birlikte karıştırın. Büyük, kolay çıkarılabilen buz tepsilerine veya meyve şeklindeki buz tepsilerine dökün. Kolayca çıkmalarına yardımcı olmak için üst kısımları tamamen düz olacak şekilde düzleştirin. İsterseniz küçük dondurma çubukları yerleştirin.

b) 3 ila 4 saat veya gece boyunca dondurun. Güzel bir tabağa çıkarın ve taze meyve parçaları ve kurabiyelerle servis yapın.

10 ila 12 büyük küp yapar

89. Buzlu meyve çıkar

İçindekiler:

- 1 1/2 su bardağı rendelenmiş veya püre haline getirilmiş taze meyve (ananas, şeftali, mango)
- tadımlık şeker
- 1/2 bardak portakal suyu konsantresi

Talimatlar:

a) Püre haline getirilmiş meyveyi şeker ve portakal suyuyla karıştırın. Kısmen donana kadar buzlu şeker kaplarında dondurun. Meyveleri karıştırmak için bir kez karıştırın, ardından neredeyse katılaşana kadar yeniden dondurun.
b) Her bir popsicle çubuğunun ortasına bir dondurma çubuğu yerleştirin ve sertleşene kadar dondurun.
c) Doğrudan dondurucudan yiyin. Tercihen mümkün olan en kısa sürede tüketin veya kapalı kaplarda en fazla 1 ay süreyle dondurun.

4'ten 6'ya kadar yapar (kalıpların boyutuna bağlı olarak)

90. Dondurmalı Kapkekler

İçindekiler:

- 2 su bardağı çilekli dondurma
- 6 yemek kaşığı ağır krema, çırpılmış
- 12 taze ahududu
- şeker serpilir

Talimatlar:

a) Muffin tepsisine 6 kağıt veya folyo pişirme kabı yerleştirin. Çok ince kağıttan pişirme kapları kullanıyorsanız, ekstra destek için bunları ikiye katlayın.

b) Dondurma yumuşak, kaşıkla yenebilecek bir kıvama gelince pişirme kaplarını doldurun ve üstlerini düzleştirin. Neredeyse servise hazır olana kadar dondurucuya geri dönün.

c) Servis yapmak için dilerseniz pişirme kaplarını çıkarın ve buzlu kekleri iyice soğutulmuş bir servis tabağına yerleştirin. Her buza biraz çırpılmış krema, 2 ahududu ve biraz şeker serpin.

Yemeye hazır olana kadar dondurucuya dönün.

ç) Bu küçük buzlu kekler aslında bir günden daha uzun süre saklanmak için tasarlanmamıştır, bu yüzden yalnızca ihtiyacınız olduğu kadar yapmaya çalışın.

Servis 6

91. Çıtır yoğurt şekilleri

İçindekiler:

- 1 bardak iyi kıvamlı bal
- 3 bardak kalın Yunan yoğurdu
- 1 bardak ağır krema, hafifçe çırpılmış
- 1 çay kaşığı saf vanilya özü
- şeker serpilir

Talimatlar:

a) Balı yumuşatmak için çok hafif ısıtın. Yoğurt, çırpılmış krema ve vanilyayı karıştırın ve sığ bir kaba dökün, bir veya iki kez çatalla karıştırarak dondurun.

b) 1 saat dondurun, bir çatalla parçalayın ve sert ancak kaşıkla kullanılabilir hale gelinceye kadar bir saat daha dondurun.

c) Bir tepsiyi yapışmaz kağıtla hizalayın. Hayvan şeklindeki veya diğer kurabiye kalıplarını tavaya yerleştirin ve üst kısımlarını düzleştirdiğinizden emin olarak dondurmayla doldurun.

ç) Gerçekten sertleşene kadar 1 ila 2 saat boyunca hızla dondurucuya dönün.

d) Servis etmeye hazır olduğunuzda, dondurmayı kalıplardan dikkatlice buz gibi soğuk bir tabağa itin. Yüzeyin yumuşamaya başlaması için 1 veya 2 dakika bekleyin . Daha sonra bir veya iki tahta şiş kullanarak bir veya iki tarafını bir kase serpme içine batırın.

e) Derhal dondurucuya koyun çünkü çok çabuk erimeye başlayacaklar.

f) Servis yapmak için her birine bir dondurma çubuğu yerleştirin.

Kalıplara bağlı olarak yaklaşık 6 ila 10 şekil yapar

TAZE VE MEYVELİ İKLİMLER

92. Buzlu böğürtlen ve armut romanoff

İçindekiler:

- 1 su bardağı tatlı armut püresi
- 1 bardak ağır krema, çırpılmış
- 1 bardak kalın Yunan usulü yoğurt
- 1 limonun ince rendelenmiş kabuğu
- 1 su bardağı kabaca ufalanmış küçük beze
- 1 su bardağı tatlı olgun böğürtlen

Talimatlar:

a) Büyük bir kapta armut püresini, çırpılmış kremayı, yoğurdu ve limon kabuğu rendesini karıştırın. Arzu ederseniz veya böğürtlenler çok tatlı değilse damak tadınıza göre biraz şeker ekleyin.

b) Şimdi ufalanmış bezeleri ve son olarak böğürtlenleri mümkün olduğunca az karıştırarak ekleyin. Derin dondurucuya kaşıkla dökün ve 1-2 saat dondurun. Dondurulurken karıştırmayın.

c) Servis yapmak için, karışımı birkaç tane daha çilekle birlikte servis tabağına yavaşça kaşıklayın.

2 pint yapar

93. Şeftali ve çarkıfelek meyveli girdaplı dondurma

İçindekiler:

- 1 1/4 bardak ağır krema
- 1 çay kaşığı saf vanilya özü
- 2 büyük yumurta
- 1/4 su bardağı ince şeker veya tadı
- 2 çay kaşığı mısır nişastası
- 1 yemek kaşığı su
- 4 büyük çok olgun şeftali
- 1 portakalın suyu ve ince rendelenmiş kabuğu
- 4 adet olgun çarkıfelek meyvesi

Talimatlar:

a) Küçük bir tencerede kremayı ve vanilyayı kaynama noktasına getirin. Isıdan çıkarın. Bir kapta yumurtaları ve şekeri iyice beyazlaşana ve hafifçe koyulaşana kadar çırpın. Kremanın bir kısmını yumurtalara iyice karışıncaya kadar çırpın, ardından tekrar tencereye süzün.

b) Mısır nişastasını suyla pürüzsüz hale gelinceye kadar karıştırın. Krema ve yumurta karışımına çırpın ve tavayı tekrar ateşe verin. Kaynatmayın ama karışım koyulaşmaya başladıkça kaşığın arkasını kaplayacak kadar sürekli karıştırın. Ara sıra karıştırarak soğumaya bırakın.

c) Şeftalileri yaklaşık 1 dakika veya kabukları kolayca soyuluncaya kadar kaynar suya koyun. Eti portakal suyu ve kabuğuyla karıştırın veya püre haline getirin ve gerekirse süzün. Çarkıfelek meyvesinin etini küçük bir kaseye alın. Soğutulmuş muhallebi ve şeftali püresini yavaşça karıştırın.

ç) Dondurma makinesine koyun ve üreticinin talimatlarına göre işleyin veya elle karıştırma yöntemini kullanın .

d) Neredeyse sertleştiğinde, dondurucu bir kaba aktarın ve çarkıfelek meyvesinin çoğunu karıştırın. Sertleşinceye veya gerekli olana kadar dondurun. Bu dondurma 1 aya kadar dondurulabilir.

e) Üzerine biraz daha çarkıfelek meyvesi dökülerek servis yapmadan önce yaklaşık 15 dakika yumuşamasını bekleyin.

1 1/2 pint yapar

94. Buzlu kayısılı sufle

İçindekiler:

- 1 portakalın suyu ve ince rendelenmiş kabuğu
- 2 (1/4 oz.) zarf aromasız jelatin
- 3 orta boy yumurta, ayrılmış, artı 2 beyaz daha
- 1/2 su bardağı ince şeker
- 1 çay kaşığı saf vanilya özü
- 1 su bardağı krem şanti
- 4 yemek kaşığı Amaretto likörü
- 1 su bardağı kayısı püresi
- 3/4 bardak siyah kuş üzümü (taze veya dondurulmuş)
- 2 ila 3 yemek kaşığı ince şeker

Talimatlar:

a) Her birinin dış kısmına, jantların yaklaşık 2 inç yukarısına gelecek şekilde bir mumlu kağıt bandı sararak 4 ramekin hazırlayın; bantla sabitleyin. Kağıdı ve tabakların içini hafifçe yağlayın.

b) Portakal suyunu küçük bir tencerede ısıtın, üzerine jelatini serpin ve erimesini bekleyin. Serin. Portakal kabuğu rendesini, sarısını, şekeri ve vanilyayı geniş bir kaseye koyun.

c) Gerçekten kalın, soluk ve kremsi olana kadar çırpın. Hafifçe soğutun. Ayrı bir kapta yumurta aklarını sertleşene ve neredeyse tepe noktasına ulaşana kadar çırpın. Üçüncü bir kapta kremayı sertleşene ve şeklini koruyana kadar çırpın.

ç) Jelatin karışımını Amaretto ile birlikte çırpılmış sarılara karıştırın. Daha sonra krem şantiyi, kayısı püresini ve son olarak yumurta aklarını ekleyin. Hafif ama iyice karıştırıldığında, kalıplara kaşıkla koyun, üstlerini düzleştirin ve 2 ila 3 saat dondurun.

d) Sosu hazırlamak için siyah kuş üzümlerinin birkaçı hariç hepsini bir tencerede şekerle birlikte ısıtın; 4 ila 5 dakika pişirin. İsterseniz tüm çekirdeklerini çıkarmak için bir elekten geçirin, ardından siyah kuş üzümünün tamamını tavaya ekleyin. Bir kenara koyun.

e) Servis yapmak için, yemeden 10 dakika önce ramekinleri dondurucudan çıkarın, kağıdı soyun ve üst kısmının ortasında bir delik açın. Son dakikada sosu ısıtın ve ortasına biraz dökün. Gerisini ayrı ayrı servis edin.

95. Elmalı ve erikli parfe

İçindekiler:

- 3 büyük, olgun tatlı erik
- 2 yemek kaşığı demerara şekeri
- 4 yemek kaşığı su
- 2 adet tatlı yiyen elma
- 1 su bardağı toz şeker
- 1/2 limonun suyu ve ince rendelenmiş kabuğu rendesi
- 5 yumurta sarısı
- 1/2 bardak artı 2 yemek kaşığı ağır krema

Talimatlar:

a) Erikleri çekirdeklerini çıkartıp kabaca doğrayın ve demerara şekeri ve suyla birlikte küçük bir tencereye koyun. Erikler yumuşayana ancak dağılmayacak hale gelinceye kadar yavaşça pişirin.

b) Eriklerin yarısını soğumaya bırakın, ardından soyulmuş, çekirdekleri çıkarılmış ve rendelenmiş elmaları tencereye ekleyin. Meyve harmanlanacak veya ezilecek kadar yumuşak olana kadar pişirmeye devam edin. Tamamen soğutun.

c) Başka bir küçük tavada toz şekeri limon suyuyla birlikte şeker eriyene kadar yavaş yavaş ısıtın. 2 ila 3 dakika kaynattıktan sonra ocaktan alın. Yumurta sarılarını geniş bir kapta hacmi iki katına çıkana kadar çırpın. Daha sonra yavaşça limon şekeri şurubu ve limon kabuğu rendesini çırpın ve koyu ve kremsi bir kıvama gelinceye kadar çırpmaya devam edin. Tamamen soğutun.

ç) Ezilmiş meyve ve yumurta karışımı soğuyunca kremayı tepecikler oluşana kadar çırpın. Çırpılmış yumurta sarılarına önce meyve karışımını, ardından çırpılmış kremayı dikkatlice katlayın. Küçük, derin dondurucu bir kaba kaşıkla dökün ve kenarları donuncaya kadar dondurun.

d) Pürüzsüz olana kadar bir çatalla çırpın ve ardından sertleşene kadar dondurun, ancak sert değil.

e) Servis yapmak için, soğutulmuş bardakların tabanına bir kaşık dolusu pişmiş erik koyun, birkaç kaşık parfe ekleyin ve üzerine daha fazla erik ekleyin. Hemen servis yapın veya kısaca soğutun.

96. Muzlu kremalı dondurma

İçindekiler:

- 4 olgun muz ve servis için daha fazlası
- 1 limonun suyu
- 6 yemek kaşığı temiz bal
- 1 çay kaşığı saf vanilya özü
- 1 bardak ev yapımı veya mağazadan satın alınan vanilyalı muhallebi
- 1 bardak ağır krema, hafifçe çırpılmış, ayrıca servis için daha fazlası
- karamel parçacıkları

Talimatlar:

a) Bir blender veya mutfak robotunda muzları limon suyu, bal ve vanilyayla krema kıvamına gelinceye kadar karıştırın. Karışımı kremayla eşit şekilde karıştırın ve ardından çırpılmış kremayı katlayın.

b) Karışımı dondurucu bir kaba kaşıkla dökün. 1 saat dondurun, ardından tekrar pürüzsüz hale gelinceye kadar çatalla parçalayın. Sertleşene veya servis yapmaya hazır olana kadar dondurucuya geri dönün.

c) Dondurma kepçelerini daha fazla muz dilimleri, çırpılmış krema ve bir miktar karamel parçacıklarıyla birlikte servis edin.

ç) Bu dondurma 1 aya kadar donacaktır.

d) Hafifçe yumuşaması için servis yapmadan 15 dakika veya daha uzun süre önce dondurucudan çıkarın.

Servis 6

97. Tropikal meyve şerbeti

İçindekiler:

- 2 su bardağı soyulmuş ve doğranmış olgun tropik meyveler (guava, ananas, mango, papaya)
- 1 su bardağı şeker şurubu
- 2 limon
- 1 bardak tam yağlı süt veya ayran

Talimatlar:

a) Tropikal meyveleri püre haline getirin veya karıştırın, ardından gerçekten pürüzsüz bir doku istiyorsanız ince gözenekli bir elekten geçirin.

b) Şeker şurubunu, 1 misket limonunun ince rendelenmiş kabuğunu, her ikisinin suyunu ve sütü ekleyip çırpın. Dondurucu bir kaba dökün ve elle karıştırma yöntemini kullanarak dondurun , dondurma sırasında iki veya üç kez parçalayın.

c) Sertleşinceye kadar dondurun, ardından ikiye bölünmüş küçük ananas kabuklarına veya servis tabaklarına alın ve üzerine taze rendelenmiş hindistan cevizi serpin. Liçi veya üzüm gibi küçük tropik meyveler veya kızartılmış taze hindistan cevizi parçalarıyla servis yapın.

ç) Bu dondurma 1 aya kadar dondurulabilir. Servis yapmadan 10 dakika önce dondurucudan çıkarıp yumuşamasını sağlayın.

Yaklaşık 1 1/2 pint yapar

98. Buzlu ravent lokumu

İçindekiler:

- 3 bardak doğranmış, kesilmiş ravent
- 1/2 su bardağı ince şeker
- 1 ila 2 çay kaşığı saf vanilya özü
- 1/4 çay kaşığı öğütülmüş tarçın
- 1 bardak ağır krema, sertçe çırpılmış
- 1 su bardağı sade yoğurt

Talimatlar:

a) Raventi, şekeri ve vanilyayı küçük bir tencereye koyun ve iyice yumuşayana kadar yaklaşık 8 dakika pişirin. Alternatif olarak, mikrodalgada orta ateşte, ara sıra karıştırarak 3 veya 4 dakika pişirin.

b) Meyveleri püre haline getirin, tarçını ekleyin ve soğuyana kadar bir kenara koyun.

c) Püre haline getirilmiş raventi, çırpılmış kremayı ve yoğurdu birlikte katlayın.

ç) Dondurma makinesinin kasesine kaşıkla dökün ve üreticinin talimatlarını takip ederek işlem yapın veya bir dondurucu kabına dökün ve belirtildiği şekilde dondurun .

d) Dondurma sertleştiğinde, servis yapmadan önce veya gerekinceye kadar kısa bir süre dondurun.

e) Bu dondurma 3 aya kadar dondurulabilir. Servis yapmadan 15 dakika önce dondurucudan çıkarın ve biraz yumuşamasını sağlayın.

Yaklaşık 2 1/4 pint yapar

99. Taze zencefilli dondurma

İçindekiler:

- 2 bardak ağır krema
- 1 bardak tam yağlı süt
- $\frac{3}{4}$ bardak şeker
- 1 (3 inç) parça taze zencefil kökü, soyulmuş ve iri doğranmış
- 1 büyük yumurta
- 3 büyük yumurta sarısı
- 1 çay kaşığı vanilya özü

Talimatlar:

a) Büyük bir tencerede krema, süt, şeker ve zencefili birleştirin. Şeker eriyene kadar karıştırarak kaynama noktasına getirin.

b) Ateşten alın. Örtün ve oda sıcaklığına soğumaya bırakın. Zencefil kökünün tamamını çıkarmak için karışımı süzün.

c) Süt karışımını tekrar kaynama noktasına getirin.

ç) Geniş bir kapta yumurta ve yumurta sarılarını birlikte çırpın. Süt karışımı kaynama noktasına geldiğinde ocaktan alın ve çok yavaş bir şekilde yumurta karışımına akıtarak sürekli çırparak kıvam almasını sağlayın.

d) Süt karışımının tamamı eklendikten sonra tencereye geri koyun ve orta ateşte sürekli karıştırarak, karışım bir kaşığın arkasını kaplayacak kadar koyulaşana kadar 2 ila 3 dakika pişirmeye devam edin. Ateşten alın ve vanilyayı çırpın.

e) Süt karışımını örtün ve oda sıcaklığına soğumaya bırakın, ardından iyice soğuyuncaya kadar 3 ila 4 saat veya gece boyunca buzdolabında saklayın.

f) Soğutulmuş karışımı bir dondurma makinesine dökün ve belirtildiği gibi dondurun.

g) Dondurmayı dondurucuya uygun bir kaba aktarın ve dondurucuya yerleştirin. Servis yapmadan önce 1 ila 2 saat kadar sertleşmesini bekleyin.

100. Taze Şeftali Dondurma

İçindekiler:

- 2 yemek kaşığı aromasız jelatin
- 3 bardak süt, bölünmüş
- 2 su bardağı toz şeker
- 1/4 çay kaşığı tuz
- 6 yumurta
- 1 1/2 bardak yarım buçuk
- 1 küçük kutu vanilyalı hazır puding
- 1 yemek kaşığı vanilya özü
- 4 su bardağı ezilmiş şeftali

Talimatlar:

a) Jelatini 1/2 bardak soğuk sütte yumuşatın. 1 1/2 bardak sütü daha haşlayın. Jelatin karışımını çözünene kadar karıştırın. Şekeri, tuzu ve kalan 1 su bardağı sütü ekleyin.
b) Yumurtaları yüksek hızda 5 dakika çırpın.
c) Yarım buçuk, puding karışımı, vanilya özü ve jelatin karışımını ekleyin. İyice karıştırın. Şeftalileri karıştırın.
ç) Üreticinin talimatlarına göre dondurma dondurucuda dondurun. 2 saat olgunlaştırın.

1 galon yapar

ÇÖZÜM

Bu kitaptan yapacağınız dondurmalar, profesyonel mutfaklarımızda yaptığımız dondurmalar kadar lezzetli; tamamen kremalı, toplanabilir, lezzet katmanları ile .

Umarım bu kitaba dalıp onu kendinize ait hale getirirsiniz. Bu tarifleri tekrar tekrar yapıp yiyin ve sonuçlardan olumlu bir şekilde heyecan duyun . Sayfaları dilediğiniz gibi damlatın, serpin ve işaretleyin!

Milton Keynes UK
Ingram Content Group UK Ltd.
UKHW021359051023
430000UK00015B/629

9 781835 642580